VEGAN
FEELS
BETTER

MEINE GESUNDE ALLTAGSKÜCHE

Jérôme Eckmeier

VEGAN FEELS BETTER

Die Zukunft isst pflanzlich

Herausgegeben vom Vegetarierbund Deutschland

INHALT

VORWORT

Ist vegan besser? Für mich kann ich sagen: Auf jeden Fall! Allein zu wissen, dass für mein Essen kein Tier gelitten hat, macht mich glücklich.

Und auch mein Körper fühlt sich wohler. Kein Wunder, denn die Experten sind sich einig, weniger tierische Fette und mehr Gemüse und Obst sind der Schlüssel zu einer gesunden Ernährung. Zweifellos hat die vegane Erfolgsgeschichte hier Einiges bewirkt: Gemüse verwandelte sich von der Beilage zum Hauptgericht und die besonders gesundheitsfördernde Wirkung einiger pflanzlicher Lebensmittel, die wir jetzt Superfoods nennen, wurden wiederentdeckt.

Im Super- und Biomarkt ist das Angebot an veganen Produkten mittlerweile riesig und schnell zu greifen. Uns beim VEBU und unsere veganen Mitstreiter freut das natürlich sehr, hat sich doch die jahrelange Arbeit gelohnt.

Aber viele der tollen Verführungen im Regal haben es in sich, und lecker heißt nicht immer gesund – auch wenn es vegan ist. Klar, wir brauchen Kuchen, Schokolade oder einen »fetten« veganen Burger, um uns wohl zu fühlen – aber in Maßen. Und das ist gar nicht so schwer, denn die Alternativen schmecken mindestens genauso gut. Unser langjähriger Wegbegleiter Jérôme Eckmeier beweist das mit diesem Buch einmal mehr. Frisch gekocht mit viel Gemüse, »guten« Fetten sowie wenig Zucker oder Weißmehl. Das sind auch die Empfehlungen des VEBU. Dazu raten wir: Trinken Sie viel, bewegen Sie sich regelmäßig und gehen Sie insgesamt bewusst mit dem um, was Sie zum Leben brauchen.

Aber vor allem: Haben Sie Spaß am Essen! Genießen Sie die vegane Welt, sie ist voller Abwechslung und mit ein wenig Achtsamkeit, das Beste, was Sie für sich tun können.

Ihr Sebastian Joy
Geschäftsführer VEBU

Treffen Sie uns auf www.vebu.de, facebook.com/vebu.de, twitter.com/vegetarierbund

WARUM ICH VEGANER WURDE –
UND WARUM ICH ES BLEIBE

Mit einer Nacht-und-Nebel-Aktion in einem Hühnerstall fing eigentlich alles an: Ich habe damals noch an der Hochschule in Leer Soziale Arbeit studiert und kam dabei auch mit einer Gruppe von vegan lebenden Tierrechtlern in Kontakt. Als ich ihnen erzählt habe, dass ich mich seit meiner Kindheit hauptsächlich vegetarisch ernähre, haben sie mich auf einen nächtlichen Ausflug auf einen Mastbetrieb mitgenommen, um die dortigen Zustände zu dokumentieren – das war zugegebenermaßen nicht ganz legal, aber wir haben nichts kaputt gemacht oder so. Wir standen jedenfalls in besagtem Hühnerstall und sahen die miserablen Bedingungen, unter denen die Tiere leben mussten: kaum Platz, das schlechte Futter und die Medikamente, die ihnen gegeben wurden; die Maschinen, mit denen man ihre Schnäbel gekürzt hatte usw. Dieser Moment war für mich ein wahrer Augenöffner.

Ich habe daraufhin angefangen, mich intensiv mit Veganismus auseinanderzusetzen und schließlich auch damit begonnen, meine Ernährung und – aus ethischen Gründen – auch meine gesamte Lebensweise Stück für Stück umzustellen. Das hat ungefähr ein Jahr gedauert. Klar, für mich als Koch und Lebensmitteltechniker war zumindest der Teil mit der Ernährung nicht ganz so schwer, aber bis ich an dem Punkt angelangt war, auch meine Kleidung, Schuhe, Kosmetik oder Reinigungsmittel komplett auf vegan umzustellen, verging etwas Zeit.

Mittlerweile lebe ich seit über acht Jahren vegan, und ich muss sagen, dass ich diesen Schritt keinen Augenblick bereue. Veganismus ist nämlich nicht nur gut für Tiere, Klima und Umwelt, diese Art der Ernährung hat vor allen Dingen einen unglaublich positiven Effekt auf die Gesundheit und das eigene Wohlbefinden. Seit meiner Ernährungsumstellung habe ich 20 Kilo abgenommen – ich könnte auch heute noch weitere Kilos abnehmen, aber ich mag mich, wie ich bin und meine Blutwerte sind trotz meines Gewichtes top. Ich habe eine bessere Konstitution und fühle mich energiegeladen und aktiv. Alles in allem fühle ich mich einfach gesünder, zufriedener und lebensfroher! Diesen Effekt bestätigen mir auch viele meiner Freunde, die sich ebenfalls vegan ernähren.

Aber ich bin kein Missionar, jeder soll sich so ernähren, wie er es für richtig hält. Und man muss auch nicht gleich strenger Vollzeit-Veganer werden – wer sich nur an ein paar Tagen in der Woche vegan ernährt, tut sich und der Umwelt schon etwas Gutes und wird eine Verbesserung des Lebensgefühls bemerken.

Mir geht es in erster Linie darum zu zeigen, wie lecker und einfach vegane Küche sein kann. Sich vegan zu ernähren bedeutet meiner Meinung nach keinen Verzicht, sondern ist vielmehr eine Bereicherung, und das in jeglichem Sinn: Indem man nach leckeren Alternativen für Fleisch und andere tierische Produkte sucht, wird man erst auf die breite Palette aufmerksam, die unsere Natur zu bieten hat. Man ernährt sich bewusster und wird auch in der Zubereitung von Gerichten automatisch kreativer und leidenschaftlicher – und genau das macht Kochen für mich einfach aus. Im Umkehrschluss heißt das aber nicht, dass man für gutes veganes Essen immer viel Zeit und Geld investieren muss. Vegane Ernährung lässt sich wunderbar in den oft stressigen Alltag integrieren und ist auch für größere Mengen geeignet (als Vater von sechs Kindern weiß ich, wovon ich rede).

Nun aber genug geschrieben, ich lasse an dieser Stelle lieber meine gesunde Alltagsküche für sich sprechen und verbleibe mit einem:

Moin Moin & Ahoi ihr Räuber_innen

Euer Jérôme

ALLER ANFANG IST SCHWER

Sich von einem Tag auf den anderen rein vegan zu ernähren, ist nicht leicht und wirkt auf viele deshalb sehr einschüchternd. Statt einem radikalen Wandel ist es einfacher, sich Stück für Stück an eine Umstellung heranzutasten. Diese kann erfolgen, indem man sich zum Beispiel an einem bestimmten Tag der Woche ausschließlich von pflanzlichen Lebensmitteln ernährt, oder zunächst eine Mahlzeit am Tag, später zwei und so weiter, durch eine vegane Alternative ersetzt. Doch egal, wie man an eine solche Ernährungsumstellung herangeht, wichtig ist es, sich in seinem eigenen Tempo vorzuwagen. Vor allem im Anfangsstadium kann es durchaus vorkommen, dass man in alte Muster zurückfällt – sei es im Restaurant oder bei der Bewirtung von Gästen. Man darf sich von solchen Rückschlägen nicht entmutigen lassen.

Für Menschen mit einem besonders stressigen oder unregelmäßigen Alltag kann es sinnvoll sein, sich an Wochenenden gelegentlich etwas Zeit und Muße zu nehmen, um sich vegane Mahlzeiten für die kommende Woche zuzubereiten. An Tagen, an denen man keine Zeit oder Lust hat zu kochen, aber schnell etwas essen möchte, ist man so eher geneigt, zu den vorbereiteten Gerichten zu greifen, anstatt gleich wieder zu tierischen Produkten.

Gerade in der Anfangszeit kann es natürlich vorkommen, dass man Lust auf Fleisch, Ei oder Milchprodukte entwickelt. Glücklicherweise gibt es mittlerweile zig Ersatzprodukte für tierische Lebensmittel, die diesen in ihrer Textur und Optik sowie in ihrem Geschmack in nichts nachstehen. Für solche Momente der Schwäche sind fertige »Veggie-Schnitzel« oder »Soja-Salamis« nicht verkehrt, es gibt jedoch auch andere Möglichkeiten, um Fleisch und Milchprodukte in Gerichten zu ersetzen (mehr dazu auf den folgenden Seiten).
Und sogar für Eier gibt es super Alternativen (zum Beispiel ein leckeres Tofu-RührEY, das Sie zum veganen Sonntagsbrunch unbedingt mal ausprobieren sollten; siehe rechts).

MILCH UND MILCHPRODUKTE –
ES GEHT AUCH REIN PFLANZLICH

Es ist wirklich einfach, Milchprodukte zu ersetzen, da es in diesem Fall genügend leckere Alternativen gibt. Als Ersatz für Kuhmilch gibt es eine breite Palette pflanzlicher Milchsorten, zum Beispiel aus Soja, Hanf, Hafer, Mandel, Reis oder Kokosnuss. Zum Backen verwende ich gerne Soja-, Hanf- oder Kokosnussdrinks, da diese bei der Zugabe von Säure gerinnen und so für einen luftigen Teig sorgen. Für Saucen eignet sich der neutrale Geschmack von Reisdrinks. Für Smoothies oder Kaffee sind Mandel- und Sojadrinks oder Kaffeesahne aus Kokosmilch ideal.

Nüsse sind das Zauberwort, wenn es um leckeren Ersatz für Käse geht – genauer gesagt Mandeln und Cashews. Der aus gemahlenen Mandeln bestehende Mandelkäse eignet sich bestens als Basis für eine vegane Käsesauce oder zum Schmelzen auf Lasagnen und Aufläufen. Auch Seidentofu kann oft als Pendant zu Milchprodukten fungieren, zum Beispiel als Sahneersatz in Cremesuppen, Aufläufen oder Desserts (siehe hierzu Seite 15).

All diese Ersatzprodukte kann man fertig kaufen, ich stelle sie jedoch auch gerne selbst her:

MANDELMILCH
Ergibt ca. 1 Liter

150 g Mandeln | 8 Datteln, entsteint |
800 ml Wasser | 1 Prise Meersalz

 Die Mandeln 3–4 Stunden in Wasser einweichen. Abgießen, dabei etwas Einweichwasser auffangen, und mit den Datteln in einem leistungsstarken Mixer sehr fein pürieren. Die restlichen Zutaten zugeben und 2–3 Minuten mixen. Ein Sieb mit einem feuchten Passiertuch auslegen und die Mandelmilch hindurchgießen. Gut ausdrücken (was im Sieb verbleibt, kann man einfrieren und bei Gelegenheit super in Brot oder Keksen verbacken). Die Mandelmilch in ein verschließbares Gefäß füllen und kalt stellen. Im Kühlschrank hält sie sich 3–4 Tage.

NICHT DAS GELBE VOM EI – SONDERN BESSER!

Es gibt viele Möglichkeiten, Eier zu ersetzen. In Teigen ganz einfach mit entsprechenden Ei-Ersatzprodukten oder auch durch Bananen, Apfelmus oder gemahlene Leinsamen. Aber am liebsten mag ich den Ersatz für Rührei – den finde ich sogar besser als das Original: Tofu-RührEY! Unerlässlich hierfür ist das schwarze Salz Kala Namak, das einen schwefeligen Geschmack hat, der an den von Eigelb erinnert.

CHASHEWMILCH
Ergibt ca. 1 Liter

400 g Cashewkerne | 8 Datteln, entsteint |
800 ml Wasser | 1 Prise Meersalz

Die Cashewkerne über Nacht in Wasser einweichen. Abgießen, dabei etwas Einweichwasser auffangen, und mit den Datteln in einem leistungsstarken Mixer sehr fein pürieren. Dann die restlichen Zutaten zugeben und 2–3 Minuten mixen. Die Cashewmilch in ein verschließbares Gefäß füllen und kalt stellen. Im Kühlschrank hält sie sich 3–4 Tage.

TOFU-RÜHREY
Für 2 Personen

100 g Tomaten | 1 Zwiebel | 1 Knoblauchzehe |
1 EL Öl | 400 g Tofu natur | 100 g Hafersahne |
1 TL Currypulver | ¼ TL Kala Namak (schwarzes Salz; aus dem Asienladen) | frisch gemahlener schwarzer Pfeffer | 1 TL Hefeflocken | Schnittlauchröllchen zum Garnieren

Tomaten waschen und in Würfel schneiden, Zwiebel und Knoblauch schälen und in feine Würfel schneiden. Tomaten im Öl andünsten, Zwiebel und Knoblauch zugeben. Den Tofu mit den Fingern dazubröseln und mit andünsten. Sahne angießen und Gewürze untermischen. Mit Schnittlauchröllchen garnieren.

CASHEW-HARTKÄSE
Ergibt ca. 400 g

200 g Cashewbruch | 100 ml Brottrunk |
je 1 TL Steinsalz, getrockneter Majoran,
Zwiebelpulver und Knoblauchpulver |
je ½ TL weißer Pfeffer und Paprikapulver |
2 TL Hefeflocken | Olivenöl zum Auspinseln

Die Cashews über Nacht in Wasser einweichen.
Abgießen und mit den restlichen Zutaten (bis auf
das Öl) in einem leistungsstarken Mixer zu einer
homogenen Masse pürieren. Ein Passiertuch heiß
auswaschen und eine Schüssel damit auslegen,
die Masse hineinfüllen und fest auspressen. Eine
kleine Schüssel mit Öl auspinseln, die Masse
hineinfüllen und abdecken.

Den Käse mindestens 24 Stunden bei Raumtemperatur stehen lassen, gegebenenfalls nochmals
ausdrücken. Tag für Tag wird der Käse fester,
nach 3 Tagen in den Kühlschrank verfrachten.
Nach Belieben den Käse noch mit einem Topping
versehen, zum Beispiel aus Kräutern oder Küm-
mel oder Pfeffer oder, oder, oder …

MEDITERRANER MOZZARELLA

100 g Cashewbruch | 4 TL gemahlene Floh-
samenschalen | 3 EL Limettensaft | 1 EL Weiß-
weinessig | 1 TL Meersalz | ½ TL getrockne-
tes Basilikum | ½ TL getrockneter Oregano |
1 TL Zwiebelpulver | 1 TL Knoblauchpulver |
2 TL Hefeflocken | Olivenöl zum Auspinseln

Die Cashews über Nacht in Wasser einweichen.
Die Flohsamenschalen mit 400 ml Wasser in
ein hohes Gefäß geben und gut umrühren. Die
Cashews abgießen und mit den restlichen Zutaten
(bis auf das Öl) sowie den gelierten Flohsamenschalen in einem leistungsstarken Mixer zu einer
homogenen Masse pürieren. Eine Schüssel oder
eine kleine Auflaufform mit Öl auspinseln, die
Masse hineinfüllen, abdecken und über Nacht in
den Kühlschrank stellen. Am nächsten Tag auf
einen Teller stürzen.

SOJAFREIE KÄSESAUCE – IDEAL ZUM ÜBERBACKEN
Ergibt ca. 500 g

150 g Süßkartoffel | 1 Möhre | 1 Zwiebel |
60 g Cashewkerne | 1 Knoblauchzehe |
½ TL Dijonsenf | 1 ½ TL Salz | 1 TL Zitronensaft |
1 Prise schwarzer Pfeffer | 1 Prise edelsüßes
Paprikapulver | 50 g vegane Margarine

Süßkartoffel, Möhre und Zwiebel schälen und
klein schneiden. Die Gemüsewürfel in 240 ml
Wasser 10–15 Minuten weich dünsten. Mit den
restlichen Zutaten im Mixer fein pürieren.

TIPP
Anstatt die Masse
in eine Schüssel zu
füllen, kann man sie
auch in Backpapier
einrollen.

FLEISCH –
SPANNENDE ALTERNATIVEN

TOFU

Tofu ist ein Gemisch aus Sojabohnen, Wasser und Gerinnungsmittel (Nigari oder Kalziumsulfat). Bedingt durch seine Textur, die von cremig-zart bis fest reichen kann, und seinen neutralen Grundgeschmack, bietet Tofu unfassbar viele Zubereitungsmöglichkeiten. Im Einzelhandel sind auch viele vorgewürzte und geräucherte Varianten erhältlich. Letztere erinnern durch ihr Raucharoma fast ein bisschen an Speck. Gewusst wie, kann man aber auch selbst für mehr Geschmack im Tofu sorgen. Hier ein paar Tipps, worauf es dabei ankommt:

VERARBEITUNGSTIPPS
Fester Tofu eignet sich in Streifen oder Scheiben geschnitten wunderbar als Geschnetzeltes oder Schnitzel. Gewürfelt wiederum passt er prima in Eintöpfe und Currys. Zerbröselt macht der Tofu auch als »RührEY« (siehe Seite 11) eine gute Figur. Der cremige Seidentofu eignet sich bestens zum Pürieren und wird gerne für Dips, Saucen, Suppen, zum Überbacken von Aufläufen, für Desserts oder als Ei-Ersatz in Teigen verwendet.

FESTER TOFU

TOFU ENTWÄSSERN: Bevor man festen Tofu verarbeitet, sollte man ihn entwässern. Also auspacken, Flüssigkeit abgießen, etwas ausdrücken und in Küchenpapier oder ein sauberes Geschirrtuch wickeln und auf ein Schneidebrett legen. Dann mit einem Brett oder Teller beschweren (am besten noch ein paar Gewichte, wie Konservendosen, daraufpacken) und für mindestens 30 Minuten abtropfen lassen. Dann trocken tupfen und in die gewünschte Form – Würfel, Streifen, Scheiben – schneiden. So ist der Tofu perfekt fürs Marinieren vorbereitet.

TOFU MARINIEREN: Beim Marinieren von Tofu sind der Fantasie keine Grenzen gesetzt. Werden Sie ruhig selbst kreativ und experimentieren Sie ein bisschen herum. Als Anregungen finden Sie einige meiner liebsten Marinaden auf den Seiten 16–17.

Übergießen Sie den in Scheiben oder Würfel geschnittenen Tofu mit einer der Marinaden und lassen Sie ihn mindestens 3–4 Stunden durchziehen, besser noch über Nacht. Luftdicht verpackt können Sie ihn so auch mehrere Tage im Kühlschrank lagern.

TOFU PANIEREN: Es braucht kein Ei, um Tofu zu panieren, man kann ihn einfach nach dem Marinieren (oder auch unmariniert) in Mehl, Semmelbröseln, Panko, Kokosflocken oder Cornflakes wenden. Sie können auch noch jegliche Art von Nüssen und/oder Kräutern klein gehackt unter die Panade mischen. Gerne mag ich auch eine Chili-Polenta- oder Mandel-Zitronen-Panade. Ausgefallen wird es mit Tacos, Flips, Chips und Salzstangen – jeweils klein bröseln und mit in die Semmelbrösel- oder Panko-Panade geben.

TOFU GAREN: Naturbelassen, vorgewürzt, selbst mariniert und/oder paniert – man kann mit allen Tofuvarianten so ziemlich alles anstellen: braten, frittieren, grillen, backen. Verwenden Sie zum Braten ein hoch erhitzbares Öl, wie Raps- oder Erdnussöl, und braten Sie den Tofu darin von allen Seiten 5–10 Minuten knusprig an. Gegebenenfalls hin und wieder mit noch etwas Marinade überziehen. Zum Grillen machen sich Tofuwürfel mit ein paar Gemüsestücken auf Spieße gesteckt toll. Hierfür vorher unbedingt marinieren. Für die Zubereitung im Ofen den Tofu in eine feuerfeste Form geben und bei 200 °C etwa 20–25 Minuten backen.

SEIDENTOFU

IN SUPPEN: Durch seine weiche Konsistenz eignet sich Seidentofu gut, um Cremesuppen noch cremiger zu machen (dafür etwas Seidentofu mit der Suppe pürieren), aber auch als Einlage in klaren Suppen schmeckt er wunderbar. Dafür gewürfelt am Ende in der Suppe erwärmen.

ZUM ÜBERBACKEN: Traditionell werden Aufläufe und Quiches mit einer Mischung aus Ei und Sahne übergossen. Aber es geht auch ohne: Seidentofu mit etwas Öl glatt pürieren, ein paar Gewürze nach Belieben daran geben und über den Auflauf (zum Beispiel Kartoffeln und Gemüse) oder die Quiche geben. Im Ofen überbacken.

ALS DESSERT: Besonders beliebt sind Schokocremes mit Seidentofu. Auch hier ist die Zubereitung super einfach: Seidentofu pürieren und mit der Hälfte der Menge geschmolzener Zartbitterschokolade verrühren, also zum Beispiel 400 g Tofu und 200 g Schokolade.

Nach Belieben noch etwas Zucker und Vanillemark untermischen. Etwa 2–3 Stunden kalt stellen. Mit gehackten Nüssen bestreuen und dazu etwas Obst oder Obstkompott reichen.

ALS MILCHSHAKE: Seidentofu mit der 1–1½-fachen Menge Obst glatt pürieren. Bei Bedarf noch mit Pflanzenmilch verdünnen, nach Belieben etwas Zucker oder Agavendicksaft und Vanillemark unterrühren. Gekühlt servieren.

TOFU ALS BROTAUFSTRICH: Brotaufstrich lässt sich sowohl aus festem, mittelfestem als auch weichem Tofu herstellen. Dazu einfach mit ein paar anderen Zutaten im Mixer pürieren. Ganz simpel und lecker wird's mit frischen Kräutern, mediterran mit Tomaten und Oliven, erfrischend cremig mit Avocado und Zitrone. Je nach Kombination würzende Komponenten wie Zwiebel, Knoblauch, Sojasauce, Gemüsebrühe, Currypulver und/oder andere Gewürze dazugeben.

TOP-5-MARINADEN
FÜR TOFU, TEMPEH & CO.

PLATZ 1

COLA-BBQ-SAUCE – DIE BESTE MARINADE ALLER ZEITEN!

1 Zwiebel | 300 ml Cola | 20 ml vegane Worcestersauce | 30 ml Apfelessig | 300 g Tomatenketchup | 200 g Apfelmark | 1 TL Steinsalz | ½ TL frisch gemahlener schwarzer Pfeffer | ½ TL Cayennepfeffer | 4–5 Tropfen Hickory Liquid Smoke | Öl zum Anbraten

Zwiebel schälen und fein würfeln, in etwas Öl andünsten und mit Cola, Worcestersauce und Essig ablöschen. Ketchup und Apfelmark unterrühren, um die Sauce zu binden, kurz aufkochen lassen und dann bei schwacher Hitze 5 Minuten köcheln lassen. Mit Salz, Pfeffer, Cayennepfeffer und Hickory Liquid Smoke nach Geschmack würzen. Mit dem Fleischersatz vermengen und mindestens 3-4 Stunden im Kühlschrank durchziehen lassen. Eignet sich auch super als Dip!

PLATZ 2

TANDOORI-MARINADE

3 TL Tandoori-Paste | 200 g Sojajoghurt | 50 g Hafersahne | 1 EL Agavendicksaft

Alle Zutaten in einer flachen Schale verrühren. Den Fleischersatz in die Marinade geben und diese am besten mit den Händen rund um das Mariniergut verteilen. Abdecken und mindestens 1 Stunde im Kühlschrank ziehen lassen.

MARINIER-TIPP
Sie können Marinade und Fleischersatz einfach in eine Schüssel geben und diese abdecken, besonders gut eignet sich aber auch ein Gefrierbeutel oder ein verschließbares Einmachglas.

WILD-WILD-WEST-MARINADE

60 ml Sojasauce | 80 ml Olivenöl | Saft von
1 Zitrone | 50 ml vegane Worcestersauce |
1 ½ EL Knoblauchpulver | 1 TL getrocknetes
Basilikum | 1 ½ EL getrocknete Petersilie
| 1 TL frisch gemahlener bunter Pfeffer |
2 Knoblauchzehen, geschält

Alle Zutaten in den Mixer geben und auf
hoher Stufe 2 Minuten mixen, bis alles
gut vermengt ist. Die Marinade mit dem
Fleischersatz vermischen und mindestens
3–4 Stunden im Kühlschrank ziehen lassen.

ASIA-STYLE-MARINADE

5 EL süßsaure Chilisauce | 2 EL Zitronensaft |
abgeriebene Schale von ½ Bio-Zitrone |
4 EL Sesamöl | 4 EL Sojasauce | 1 EL Curry-
pulver | 20 g frischer Ingwer, geschält

Alle Zutaten vermischen und mit dem
Fleischersatz vermengen. Mindestens
3–4 Stunden im Kühlschrank durchziehen
lassen.

MEDITERRANE MARINADE

8 EL Olivenöl extra vergine | 2 EL veganer
trockener Rotwein | 1 EL Rotweinessig |
1 EL Zitronensaft | 1 EL mittelscharfer Senf |
1 EL französischer Senf mit Knoblauch und
Petersilie | 1 TL brauner Zucker | 2 Knob-
lauchzehen, geschält | 1 EL gehackte Peter-
silie | 1 EL Schnittlauchröllchen | je 1 TL
gehackter Oregano, Thymian und Rosmarin

Alle Zutaten vermischen und mit dem
Fleischersatz vermengen. Mindestens
3–4 Stunden im Kühlschrank durchziehen
lassen.

TEMPEH

Tempeh besteht aus fermentiertem Soja und ist wie Tofu in verschiedenen Geschmacksvarianten erhältlich. Tempeh kann roh verzehrt, gebraten oder gebacken werden. Um das Beste, was Tempeh an Aroma und Textur zu bieten hat, herauszuholen, sollte man ihn marinieren und im Ofen zubereiten (funktioniert wie bei Tofu, siehe Seite 15).

SOJASCHNETZEL

Das getrocknete Sojafleisch oder Granulat eignet sich aufgrund seiner festen Konsistenz bestens als Ersatz für Hackfleisch in Bolognesen oder für Pfannengerichte. Vor der Verarbeitung muss Sojagranulat oder -geschnetzeltes jedoch in Brühe kochen oder quellen. Hierfür einfach die Packungsanweisung beachten.

Um mehr Geschmack an die Schnetzel zu bekommen, lohnt sich auch hier wie beim Tofu das Marinieren. Dafür nach dem Kochen oder Einweichen mit Marinade übergießen, diese richtig schön mit den Händen einkneten und einige Stunden durchziehen lassen.

SEITAN

Seitan besteht aus purem Weizengluten. Meist gibt es ihn als bereits gewürzten Laib zu kaufen. Was Textur und Aroma angeht, so dient er oft als Ersatz für Rind- oder Hühnerfleisch und ist beliebt im »Vöner«. Wer auf Soja verzichten möchte, für den ist Seitan eine gute Alternative zu Tofu, Tempeh und Sojagranulat. Menschen mit Glutenunverträglichkeit sollten jedoch unbedingt die Finger davon lassen! Gegrillt oder gebraten eignet sich Seitan als Belag für Sandwiches oder eingewickelt in Wraps. Fertige Seitanprodukte gibt es auch als Würstchen oder Burger und in verschiedenen Geschmacksrichtungen zu kaufen.

LUPINEN

Bei Lupinensamen handelt es sich um eiweißreiche Hülsenfrüchte, die sich ebenfalls wunderbar als Fleischersatz eignen und dabei weder Soja noch Gluten enthalten. Durch ihre ökologischen und gesundheitlichen Vorzüge sind Lupinensamen und Produkte daraus immer mehr im Kommen. Inzwischen gibt es sie in Bioläden und Reformhäusern als Lupinenmehl, Lupinenschnitzel und -filet, Würste und Bratlinge aus Lupinen sowie Lupinenmilch zu kaufen.

HÜLSENFRÜCHTE & GEMÜSE

Selbstverständlich muss man nicht ständig zu Tofu, Tempeh und Co. greifen, um Fleisch zu ersetzen. Den gleichen Effekt kann man auch durch Hülsenfrüchte und Gemüse erreichen. Wie wäre es zum Beispiel mit gekochten Linsen statt Hackfleisch im feurigen Chili, einem Burgerpatty aus Kichererbsen und Bohnen oder einem marinierten und gegrillten Portobello-Pilz als Burgerbelag? Der Kreativität sind hier keine Grenzen gesetzt. Eine tolle Alternative für Fleischersatz ist auch die Jackfruit, sie eignet sich für Pulled-»Pork«-BBQ, Gulasch oder Geschnetzeltes, ist schnell gemacht und sehr lecker. Zu kaufen gibt es sie in vielen Asienläden.

VEGAN IST GESUND –
WENN MAN ES RICHTIG ANGEHT!

»Iss dein Gemüse auf!« Dieser Satz, den wohl jeder noch aus seiner Kindheit kennt, ist ein weiteres Beispiel dafür, dass unsere Mütter schon immer wussten, was gut für uns ist. In der Tat ist es äußerst wichtig, ausreichend Gemüse zu essen, um seinen Körper mit den benötigten Nährstoffen versorgen zu können – für Menschen, die sich rein vegan ernähren gilt dies natürlich ganz besonders, da keine tierischen Produkte als Nährstofflieferanten auf den Tisch kommen. Es ist allerdings nur ein Vorurteil, dass vegane Ernährung eine für die Gesundheit nachteilige Entscheidung sei. Tatsächlich sind Veganer bei abwechslungsreicher Lebensmittelauswahl gut mit allen lebensnotwendigen Nährstoffen versorgt. Wissenschaftliche Studien beweisen zudem, dass der Verzicht auf Fleisch und andere tierische Produkte sogar gesünder ist: So senkt eine vegane Ernährung das Risiko an Herz-Kreislauf-Krankheiten, Diabetes Typ 2, Multipler Sklerose, Parkinson oder Krebs zu erkranken. Auch sind vegan lebende Menschen seltener von Übergewicht oder Problemen mit der Darmflora betroffen. All dies gilt aber nur, wenn man sich wirklich auch ausgewogen und abwechslungsreich ernährt und ein paar Punkte beachtet. Konkrete Hilfestellung dabei gibt die vegane Ernährungspyramide des VEBU (Vegetarierbund Deutschland). Besonders empfehlenswerte Lebensmittel, wie Wasser, Gemüse, Obst und Vollkornprodukte, stehen weiter unten in der Pyramide und bilden die Basis. Sie sollten also häufiger verzehrt werden. Ernährungsphysiologisch weniger wertvolle Lebensmittel, wie Süßigkeiten, ungesunde Snacks und Alkohol, stehen an der Spitze der Pyramide und sollten eher sparsam – oder auch gar nicht – konsumiert werden.

LEBENSMITTELGRUPPEN
UND VERZEHREMPFEHLUNGEN

Die Mengenempfehlungen ergeben eine Nahrungsenergiezufuhr von etwa 1.800 kcal pro Tag. Bei einem höheren Energiebedarf müssten entsprechend höhere Anteile der Lebensmittelgruppen verzehrt werden.

WASSER
> täglich 1–2 Liter
Wasser und andere alkoholfreie, kalorienarme Getränke bevorzugen.

GEMÜSE
> mindestens 400 g bzw. 3 Portionen pro Tag
Frisches Gemüse, einschließlich unerhitzte Frischkost, und Säfte sind eine wichtige Quelle für Vitamine, Mineralstoffe, sekundäre Pflanzenstoffe und Ballaststoffe.

OBST
> mindestens 300 g bzw. 2 Portionen pro Tag
Frisches Obst, ergänzt durch Trockenfrüchte und Säfte, ist eine ausgezeichnete Quelle für viele Vitamine, Mineralstoffe, sekundäre Pflanzenstoffe und Ballaststoffe.

GETREIDE UND KARTOFFELN
> etwa 2–3 Portionen pro Tag
Getreide ist die bedeutendste Eiweißquelle für vegetarisch-vegan lebende Menschen. Vollgetreide liefert komplexe Kohlenhydrate, Ballaststoffe und sekundäre Pflanzenstoffe und ist eine wesentliche Quelle für Vitamine (vor allem B-Vitamine) und Mineralstoffe (z. B. Eisen, Zink, Magnesium). Kartoffeln liefern unter anderem Vitamin C, Kalium und Magnesium.

NAHRUNGSMITTEL > 1 PORTION ENTSPRICHT

Reis > 80 g roh, also 250 g gekocht
Vollkornteigwaren > 125 g roh, also 300 g gekocht
Vollkornbrot > 50 g
Kartoffeln > 250–300 g
Hülsenfrüchte > 40 g roh, also 100 g gekocht

EIWEISSPRODUKTE

> Hülsenfrüchte (1–2 Mahlzeiten pro Woche)
und Eiweißprodukte (50–150 g pro Tag)
Hülsenfrüchte (zum Beispiel Erbsen, Bohnen,
Kichererbsen, Linsen), Sojaprodukte (zum
Beispiel Sojadrink/-joghurt, Tofu, Tempeh) und
andere Fleischalternativen (zum Beispiel Seitan)
enthalten viel Eiweiß. Hülsenfrüchte liefern
Ballaststoffe, B-Vitamine, Magnesium, Kalium
und Eisen sowie sekundäre Pflanzenstoffe.

NÜSSE UND SAMEN

> 30–60 g pro Tag
Nüsse (auch Nussmus) und Samen enthalten
essenziellen Fettsäuren. Sie liefern Eiweiß, Folat,
Vitamin E, sekundäre Pflanzenstoffe und viele
Mineralstoffe wie Kalium, Magnesium, Eisen
und Zink.

PFLANZLICHE ÖLE UND FETTE

> 2–4 EL pro Tag
Wichtig für die Versorgung mit essenziellen
Fettsäuren sowie für die Aufnahme fettlöslicher
Vitamine (A, D, E und K). Naturbelassene Pflan-
zenöle, die reich an Alpha-Linolensäure sind,
bevorzugen (Lein- und Rapsöl).

OPTIONAL: Snacks, Alkohol und Süßigkeiten
> falls gewünscht, in Maßen
Diese Nahrungsmittel sind für eine gesunde
Ernährung nicht notwendig, Alkohol, Snacks und
Süßigkeiten können jedoch in Maßen durchaus
genossen werden.

VITAMIN D

> 15 Minuten pro Tag Sonnenlicht
In den sonnenarmen Monaten kann die
Vitamin-D-Versorgung durch entsprechend
angereicherte Produkte oder Supplemente
gesichert werden.

VITAMIN B12 UND KALZIUM
BEI VEGANER ERNÄHRUNG

Bei veganer Ernährung sollte die Versorgung
mit Vitamin B_{12} durch Nahrungsergänzungs-
mittel abgesichert werden. Am besten lässt
man den Vitamin-B_{12}-Wert mindestens einmal
im Jahr überprüfen.
Um den Bedarf an Kalzium zu decken, sollten
gezielt kalziumreiche pflanzliche Lebensmittel
(zum Beispiel dunkelgrünes Gemüse, Nüsse,
Samen), kalziumreiche Mineralwässer sowie
mit Kalzium angereicherte Produkte verzehrt
werden.

KÖRPERLICHE AKTIVITÄT

> 30 Minuten pro Tag
Die körperliche Aktivität sollte mindestens
30 Minuten pro Tag betragen.

Quelle: VEBU (Vegetarierbund Deutschland)

MEINE
PERSÖNLICHE
EMPFEHLUNG FÜR
VEGANER, VEGETARIER
UND ALLESFRESSER

10 Minuten täglich meditieren und
mindestens einmal wöchentlich sozialen
Aktivitäten nachgehen wie Theater, Kino,
Konzerte, Restaurant oder Museums-
besuche oder was auch immer Ihnen
und Ihren Lieben Spaß macht.

FRÜHSTÜCK &
KLEINE GERICHTE

SWITCH!

Statt Pflaumen können Sie nach Belieben andere Trockenfrüchte wie Feigen, Rosinen oder Datteln verwenden.

PROTEINREICH

SOJAFREI

SESAM-RIEGEL
MIT PFLAUMEN

»Homemade« – also selbst zubereitet – ist mir immer am liebsten, denn da weiß man, was drin ist: keine Zusatzstoffe, kein unnötiger Zucker, sondern nur gute Zutaten, möglichst in Bioqualität. Und nach dem Backen kann man mit gutem Gewissen reinbeißen!

Für 1 Backblech (etwa 40 Stück) // Zubereitung: 20 Minuten + 1 Stunde Quellen + 50 Minuten Backen

150 g Weizen- oder Dinkelflocken
150 g grobe Haferflocken
100 g getrocknete Pflaumen und Aprikosen
1 EL Apfeldicksaft
½ TL Olivenöl
1 kräftige Prise grobes Meersalz
100 g Sesamsamen

1 Die Weizen- und Haferflocken in einer Schüssel vermengen, mit 400 ml lauwarmem Wasser übergießen und mit einem Küchentuch abgedeckt bei Zimmertemperatur etwa 1 Stunde quellen lassen.

2 Die Pflaumen und Aprikosen sehr klein schneiden und in einer Schüssel mit dem Apfeldicksaft vermischen. Den Backofen auf 180 °C vorheizen. Ein Backblech mit Backpapier auslegen, das Papier mit dem Öl bepinseln.

3 Pflaumen, Aprikosen und Salz unter die Flockenmischung mengen. Die Mischung etwa 1 cm hoch auf dem Backblech verstreichen und mit dem Sesam bestreuen. Im Ofen auf der mittleren Schiene 20 Minuten backen. Das Blech aus dem Ofen nehmen und die Masse mit einem scharfen Messer in Stücke von etwa 3 × 5 cm ein- aber nicht durchschneiden. Dann weitere 30 Minuten knusprig backen.

4 Das Blech aus dem Ofen nehmen und die Riegel darauf etwas abkühlen lassen. Dann die eingeschnittenen Stücke mit dem Messer ganz durchschneiden und vollständig abkühlen lassen. In einer Keksdose lagern (siehe Tipp).

PERFEKT AUFBEWAHRT

Diese nahrhaften Riegel können Sie gut auf Vorrat backen. Sie halten sich in einer luftdicht verschlossenen Keksdose einige Wochen.

PROTEINREICH SOJAFREI

CRUNCHY GRANOLA
MIT KÜRBISKERNEN

Es ist so einfach, sein eigenes Müsli zu mixen! Sie können es auf Vorrat knusprig backen, in ein Glas füllen und bis zu 1 Woche aufbewahren. Mit Sojajoghurt oder Pflanzendrinks und Früchten wird daraus im Handumdrehen ein gesunder Energiespender.

Für 8 Portionen // Zubereitung: 35 Minuten

400 g Vollkorn-Haferflocken (fein oder grob)
2 EL Kokosblütenzucker
100 ml neutrales Pflanzenöl
100 ml Ahornsirup
100 g gemischte Nüsse (z. B. Haselnüsse, Cashewkerne, Walnusskerne)
100 g Rosinen
50 g Kürbiskerne

1 Den Backofen auf 150 °C vorheizen und ein Backblech mit Backpapier auslegen. Die Haferflocken mit dem Zucker in einer großen Schüssel locker vermengen.

2 In einer zweiten Schüssel das Öl mit dem Ahornsirup gründlich verrühren. Die Ölmischung über die Haferflockenmischung gießen, alles vorsichtig mit einem Teigspatel vermischen und gleichmäßig auf dem Backpapier verteilen. Die Flockenmischung im Ofen auf der mittleren Schiene etwa 25 Minuten knusprig und goldbraun backen, währenddessen ein- bis zweimal mit dem Spatel durchrühren und auflockern.

3 Inzwischen die Nüsse grob hacken. Die Flockenmischung aus dem Ofen nehmen und mit Nüssen, Rosinen sowie Kürbiskernen vermengen. Die Müslimischung vollständig abkühlen lassen. In ein Twist-off-Glas füllen und luftdicht verschließen. Es ist etwa 1 Woche haltbar.

RAFFINIERT WÜRZEN!

Gewürze wie Zimt, Kardamom und Muskatnuss geben der Mischung eine exotische Note.

AUCH LECKER!

Das Müsli kann nach Belieben
mit Schokosplittern, Kokoschips
oder getrockneten Früch-
ten erweitert oder variiert
werden.

AUCH LECKER!

Nach Belieben gehackte Nüsse und klein geschnittene Früchte beimischen.

DINKEL-BOWL
MIT CHIASAMEN UND GOJIBEEREN

Eine fruchtige »Bowl« mit Dinkelflockenbrei zum Frühstück gibt geballte Energie, um den Tag so richtig kraftvoll zu beginnen. In der Frühstücksschale sind Top-Superfoods beigemischt, die mit einer hohen Nährstoffdichte punkten.

Für 4 Personen // Zubereitung: 30 Minuten

100 g Dinkelflocken
1 reife Banane
1 EL Birnendicksaft
1 EL Leinsamen
1 EL Weizenkleie
2 EL gemahlene Chiasamen
2 EL Hanfsamen (nach Belieben)
2 EL getrocknete Gojibeeren
(oder Cranberrys)

1 Die Dinkelflocken in einem Topf mit 600 ml Wasser verrühren, aufkochen und anschließend zugedeckt bei mittlerer Hitze 10–15 Minuten quellen lassen.

2 Inzwischen die Banane schälen und in einem tiefen Teller mit einer Gabel zerdrücken. Den Birnendicksaft untermischen.

3 Den Topf vom Herd nehmen und, falls noch vorhanden, überschüssiges Wasser abgießen. Den noch leicht warmen Dinkelbrei mit dem Bananenmus verrühren.

4 Leinsamen, Kleie, Chia- und nach Belieben Hanfsamen sowie Gojibeeren unter den Brei mengen. Die Dinkel-Bowl auf Schalen verteilen und sofort servieren.

DEKO-TIPP

Jede Bowl mit einem extra Topping dekorieren, zum Beispiel mit Himbeeren, Heidelbeeren, Kokosraspeln oder Sesamsamen.

VANILLE-CRÊPES
MIT SCHOKO-MANDEL-MOUSSE

Hauchdünn sollten diese Pfannkuchen sein, denn nur dann haben sie die Bezeichnung Crêpes wirklich verdient. Einfach himmlisch schmecken sie mit der cremigen Schoko-Mandel-Mousse, die jeder nach Belieben auf seinen Crêpe streichen kann.

Für 8 Crêpes // Zubereitung: 1 Stunde + 30 Minuten Quellen

Für die Schoko-Mandel-Mousse:
100 g vegane Bitterschokolade (mind. 80 % Kakaoanteil)
1 EL Mandellikör (Amaretto)
125 g Cocos oder Rice Whip (aufschlagbare Kokos- oder Reissahne)
1 EL gehackte Mandeln

Für die Crêpes:
170 g Dinkelvollkornmehl
1 Msp. Vanillemark
2 EL Kokosblütenzucker
400 ml Mandeldrink
8 TL neutrales Pflanzenöl

1 Für die Mousse die Schokolade in Stücke brechen und in einer Metallschüssel über dem heißen Wasserbad unter Rühren schmelzen. Den Mandellikör unterrühren. Die Schüssel vom Wasserbad nehmen und die Schokolade abkühlen, aber nicht fest werden lassen.

2 Die Cocos oder Rice Whip steif schlagen und unter die abgekühlte Schokoladen-Likör-Mischung rühren. Die gehackten Mandeln unter die Creme ziehen. Die Mousse mit Frischhaltefolie abgedeckt in den Kühlschrank stellen, bis die Crêpes gebacken sind.

3 Für die Crêpes das Mehl in eine Schüssel sieben. Vanillemark und Zucker untermischen. Den Mandeldrink nach und nach mit den Quirlen des Handrührgeräts unterrühren, sodass ein glatter Teig entsteht. Den Teig etwa 30 Minuten quellen lassen.

4 Den Backofen auf 50 °C vorheizen. Aus dem Teig in einer Crêpespfanne oder einer kleinen beschichteten Pfanne nach und nach acht dünne Pfannkuchen backen. Dazu jeweils 1 TL Öl in der Pfanne erhitzen. Eine kleine Schöpfkelle Teig in die Pfanne geben, durch Schwenken der Pfanne darin verteilen und die Unterseite bei mittlerer Hitze 1–2 Minuten goldgelb backen. Den Crêpe vorsichtig wenden und auf der zweiten Seite 1–2 Minuten goldgelb fertig backen. Fertige Crêpes auf einem Teller stapeln und im Ofen warm halten.

5 Zum Servieren die Schoko-Mandel-Mousse in Portionsschalen verteilen und zu den Crêpes reichen.

GUT VORBEREITET

Die Mousse können Sie wunderbar 1–2 Tage im Voraus zubereiten und gut abgedeckt im Kühlschrank aufbewahren.

BLINIS
MIT BEEREN

Diese Küchlein stammen ursprünglich aus Russland und werden im Original mit Buchweizenmehl hergestellt. Wichtig bei der Herstellung des Teiges ist, dass er ruhen kann.

Für etwa 8 Blinis // Zubereitung: 1 Stunde + 1 Stunde Ruhen

Für die Blinis:
200 g Weizenmehl
(Vollkorn oder Type 1050)
100 g Sojamehl (aus dem Bioladen)
½ Würfel Hefe (etwa 20 g)
3–4 EL Kokosblütenzucker
250 ml zimmerwarmer Sojadrink
1 Msp. Vanillemark
etwa 250 ml Mineralwasser mit Kohlensäure
5–6 EL neutrales Pflanzenöl zum Ausbacken

Für die Deko:
500 g frische Beeren (z. B. Heidelbeeren, Erdbeeren und Himbeeren)
Puderzucker zum Bestäuben (am besten aus Rohrohrzucker)

1 Für die Blinis Mehl und Sojamehl mischen, in eine Schüssel sieben und eine Mulde in der Mitte formen. Hefe und 1 EL Zucker mit dem Sojadrink glatt rühren. Die Hefemischung in die Mehlmulde gießen und mit wenig Mehl vom Rand zu einem Brei verrühren. Die Schüssel mit einem Küchentuch abdecken und den Vorteig bei Zimmertemperatur 1 Stunde ruhen lassen.

2 Den Vorteig mit Mehl, restlichem Zucker (2–3 EL), Vanillemark und so viel Mineralwasser verrühren, dass ein glatter, dickflüssiger Teig entsteht. Falls Vollkornmehl verwendet wurde, gegebenenfalls etwas mehr Wasser verwenden und den Teig etwa 15 Minuten quellen lassen. Den Backofen auf 50 °C vorheizen.

3 Aus dem Teig in einer Pfanne portionsweise acht Blinis (à etwa 10 cm Ø) backen. Dazu jeweils etwas Öl in der Pfanne erhitzen. Pro Blini 2–3 EL Teig hineingeben, zu einem kleinen Pfannkuchen verstreichen und die Unterseite bei mittlerer Hitze 1–2 Minuten goldgelb backen. Die Blinis vorsichtig wenden und auf der zweiten Seite 1–2 Minuten goldgelb fertig backen. Fertige Blinis auf Küchenpapier abtropfen lassen und im Ofen auf einem Teller warm halten.

4 Für die Deko die Beeren verlesen, waschen und mit Küchenpapier trocken tupfen. Von Erdbeeren die Blütenansätze entfernen und die Früchte je nach Größe halbieren oder vierteln. Die Blinis auf Teller verteilen, mit gemischten Beeren garnieren und mit Puderzucker bestäuben.

KOCH-KNOW-HOW

Damit Blinis aus Vollkornmehl schön flaumig werden, sollte man den Teig vor dem Backen etwas quellen lassen und die Konsistenz nochmals prüfen – die im Vollkornmehl enthaltenen Schalenbestandteile der Körner nehmen viel Flüssigkeit auf. Zu stark angedickten Teig mit etwas Mineralwasser oder Mandeldrink verdünnen.

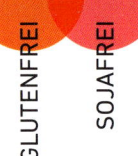

ROH GLUTENFREI SOJAFREI

INGWER-ORANGEN
MIT GRANATAPFEL-KERNEN

Braucht das Immunsystem dringend einen Schubs? Mit diesem pikanten Salat kommen Vitamin C und Magnesium ins Spiel, Inhaltsstoffe, die auch nach Muskelüberanstrengung im Sport helfen.

Für 4 Personen // Zubereitung: 20 Minuten + 1 Stunde Durchziehen

1 Stück Ingwer (etwa 5 cm)
3 EL Olivenöl
3 große Bio-Orangen (siehe Tipp)
1 kleiner Granatapfel
2–3 Stiele Zitronenmelisse
Meersalz
schwarzer Pfeffer aus der Mühle
½ TL Crema di Balsamico bianco
1 TL gehackte Pistazien- oder Pinienkerne

1 Den Ingwer schälen, auf einer Küchenreibe fein reiben und mit dem Öl verrühren. Die Orangen heiß waschen und trocken reiben. Von 1 Orange die Hälfte der Schale fein abreiben und unter das Ingweröl rühren. Alle Orangen schälen, sodass auch die weiße Haut mit entfernt wird.

2 Die Orangen in dünne Scheiben schneiden, auf einem Teller verteilen und mit dem Ingweröl beträufeln. Mit Folie abgedeckt 1 Stunde im Kühlschrank durchziehen lassen.

3 Den Granatapfel vierteln oder in Scheiben schneiden und die Kerne über einer Schüssel herauslösen. Die Zitronenmelisse waschen und trocken schütteln, die Blätter abzupfen.

4 Die marinierten Orangenscheiben mit etwas Salz und Pfeffer würzen. Crema di Balsamico in dünnen Fäden über die Orangenscheiben ziehen und diese mit Pistazien- oder Pinienkernen bestreuen. Die Granatapfelkerne daraufstreuen und den Salat mit Zitronenmelisse garnieren.

GUT ZU WISSEN

Da die Orangen bei diesem Salat die Hauptrolle spielen, sollten sie richtig schön saftig und süß sein. Vor allem gegen Ende des Winters, wenn die Zeit für Orangen langsam vorbei ist, sind kleinere Früchte oft noch aromatischer als große – verwenden Sie dann einfach 1–2 Orangen mehr für den Salat.

GUT ZU WISSEN

Mit 1 Prise Palmzucker oder Ahornsirup kann das Gericht etwas »entschärft« werden, falls die Fruchtmischung ein wenig zu scharf geraten sein sollte.

ROH
GLUTENFREI
SOJAFREI

SPICY MANGO
MIT ANANAS

Diese fruchtige, leicht scharfe Salatmischung regt Appetit sowie Kreislauf an und bringt den Stoffwechsel auf Trab – als Vorspeise oder als Fingerfood mit veganen Tortillachips serviert ein Muss für die ersten Frühlingstage!

Für 4 Personen (als Vorspeise) // Zubereitung: 30 Minuten + 1 Stunde Durchziehen

½ saftige, süße Baby-Ananas
2 Frühlingszwiebeln
3–4 Stiele Koriandergrün
1 kleine rote Chilischote
3 kleine Mangos
Saft von 1 kleinen Orange
1 EL Olivenöl
Salz
weißer Pfeffer aus der Mühle
Cayennepfeffer

1 Die Ananas schälen und längs vierteln, den Strunk entfernen. Das Fruchtfleisch in mundgerechte Ecken schneiden. Die Frühlingszwiebeln waschen, die Wurzelansätze entfernen. Die grünen Teile der Frühlingszwiebeln in feine Ringe schneiden, die weißen Teile fein hacken. Den Koriander waschen und trocken schütteln, die Blätter abzupfen und etwas kleiner schneiden. Die Chilischote längs halbieren, entkernen, waschen und fein würfeln.

2 Die Mangos schälen und das Fruchtfleisch in großen Stücken von den Steinen schneiden. Zwei Drittel davon in mundgerechte Stücke schneiden. Das restliche Mangofruchtfleisch in grobe Stücke schneiden und mit Orangensaft sowie Olivenöl im Mixer fein pürieren.

3 Ananas, Frühlingszwiebeln, Koriander, Chili und Mangostücke in einer Schüssel locker vermengen. Das Mangopüree vorsichtig untermischen. Den Salat mit Salz, Pfeffer und Cayennepfeffer würzen und abgedeckt 1 Stunde im Kühlschrank durchziehen lassen.

KICHER-ERBSENMUS
MIT SUMACH

Kichererbsen, cremig mit Olivenöl und Sesampaste püriert und mit Knoblauch sowie Zitronensaft gewürzt, ergeben einen herrlich erfrischenden Dip für Fladenbrot oder Gemüsesticks.

Für 4 Personen // Zubereitung: 15 Minuten

2 Knoblauchzehen
1 Dose Kichererbsen (400 g)
1 Prise gemahlener Kreuzkümmel
1 Prise gemahlener Koriander
Saft von 1 Zitrone
2 EL Sesammus (Tahin)
Salz
100 ml kalt gepresstes Olivenöl
1 TL gemahlenes Sumach
(siehe Tipp rechts)

1 Den Knoblauch schälen und fein hacken. Die Kichererbsen in ein Sieb abgießen, abbrausen und abtropfen lassen. Etwa 1 EL Kichererbsen für die Dekoration beiseitestellen. Die restlichen Kichererbsen mit Knoblauch, Kreuzkümmel, Koriander, Zitronensaft, Sesammus und 1 guten Prise Salz im Mixer auf höchster Stufe fein pürieren, dabei nach und nach 60 ml Olivenöl einfließen lassen.

2 Das Kichererbsenmus in vier Portionsschalen verteilen und mit einem Löffel jeweils mittig eine kleine Vertiefung hineindrücken. Das restliche Olivenöl in die Vertiefungen verteilen. Die Musportionen mit den beiseitegestellten Kichererbsen garnieren und mit dem Sumach bestreuen. Dazu schmecken grüne Oliven und ofenfrisches Pitabrot, das einfach in den cremigen Dip getaucht wird.

AUCH LECKER!

Zu besonderen Anlässen bereite ich das Kichererbsenmus aus getrockneten Kichererbsen zu, da es dann besonders cremig wird. Dafür 200 g getrocknete Kichererbsen etwa 12 Stunden in kaltem Wasser einweichen und in einem Topf mit frischem Wasser bedeckt 1½ Stunden weich kochen. Abgießen und wie im Rezept beschrieben pürieren.

GUT ZU WISSEN

Sumach besteht aus gemahlenen Steinfrüchten der Sumachpflanze und wird mit seinem leicht säuerlich-fruchtigen Geschmack vor allem im östlichen Mittelmeerraum gern als Tischwürze verwendet. Erhältlich ist es in türkischen Lebensmittelgeschäften.

AUCH LECKER!

Je nachdem, welche Chilisorte Sie verwenden, können Sie die Schärfe Ihrem Geschmack anpassen. Die Salsa nach Belieben zusätzlich mit kleinen Gurken- und Avocadowürfeln variieren.

RAFFINIERT WÜRZEN

Mit gemahlenem Kardamom, Selleriesalz, Muskatnuss, Paprikapulver, Cayennepfeffer oder Zatar verfeinert schmeckt die Avocadocreme immer wieder ein bisschen anders.

ROH

GLUTENFREI

SOJAFREI

TOMATEN-SALSA

Chili kann schweißtreibend wirken, was allerdings gut für den Körper ist. Das in der Chili enthaltene Capsaicin desinfiziert, wirkt entzündungshemmend und hilft, das Immunsystem zu stärken.

Für 4 Personen (als Vorspeise) // Zubereitung: 10 Minuten

1 lange grüne Chilischote (siehe Tipp)
1 kleines Bund Koriandergrün
1 kleine Zwiebel oder große Schalotte
250 g Tomaten
Saft von 1 Limette
2 EL Olivenöl
Salz

1 Die Chilischote längs halbieren, entkernen, waschen und fein würfeln. Den Koriander waschen und trocken schütteln, die Blätter von den Stielen zupfen und fein hacken. Die Zwiebel oder Schalotte schälen und fein würfeln. Die Tomaten waschen, vierteln, entkernen und in feine Würfel schneiden.

2 Alle vorbereiteten Zutaten in einer Schüssel mit dem Limettensaft und dem Öl vermengen und mit Salz würzen. Entweder sofort servieren oder zugedeckt bis zu 2 Tage im Kühlschrank aufbewahren. Dazu passen Tortilla-Chips.

AVOCADO-CREME

Avocado ist die Butter der Veganer und liefert zudem reichlich Vitamin A, Beta-Carotin und das Schönheitsvitamin E. Genießen Sie deshalb ruhig öfter einmal eine Portion des gesunden Fruchtfleisches!

Für 4 Personen // Zubereitung: 15 Minuten

1 Bund Koriandergrün
1 kleine Zwiebel (oder große Schalotte)
2 Knoblauchzehen
200 g Tomaten
1 kleine, milde grüne Chilischote
50 g Pinienkerne
3–4 reife Avocados (etwa 800 g)
Saft von 1 Zitrone
Salz

1 Den Koriander waschen und trocken schütteln, die Blätter abzupfen und fein hacken. Die Zwiebel und den Knoblauch schälen und fein würfeln. Die Tomaten waschen, vierteln, entkernen und fein würfeln. Die Chilischote längs halbieren, entkernen, waschen und ebenfalls fein würfeln. Die Pinienkerne in einer Pfanne ohne Fett goldgelb rösten, herausnehmen und abkühlen lassen.

2 Die Avocados halbieren und entsteinen. Das Fruchtfleisch mit einem Löffel aus den Schalen lösen und in einer Schüssel mit einer Gabel zu Mus zerdrücken. Den Zitronensaft unterrühren und die Creme leicht salzen. Koriander, Zwiebel, Knoblauch, Tomaten, Chili und Pinienkerne untermengen.

*ROH
PROTEINREICH
GLUTENFREI
*SOJAFREI

SELBST GEMACHTER
CASHEWKÄSE

Veganer Käse aus Cashews ist luftig leicht in der Konsistenz und würzig frisch im Geschmack. Der passt nicht nur aufs Brot, sondern auch als Füllung in Nudeltaschen!

Für 8 Portionen // Zubereitung: 10 Minuten + 8 Stunden Einweichen

300 g Cashewkerne
5 EL Sonnenblumenöl
3 EL Zitronensaft
2 EL Hefeflocken
2 EL fein gehackte Petersilie
½ TL getrockneter Estragon
½ TL Meersalz
½ TL schwarzer Pfeffer aus der Mühle
1 Prise gemahlener Zimt

1 Die Cashewkerne in einer Schüssel mit kaltem Wasser bedeckt etwa 8 Stunden einweichen, am besten über Nacht.

2 Die Cashews in ein Sieb abgießen, kalt abbrausen, abtropfen lassen und in den Mixer füllen. Den Mixer auf niedrigster Stufe starten, und die Geschwindigkeit langsam steigern, dabei nach und nach Sonnenblumenöl, 4 EL warmes Wasser, Zitronensaft sowie die restlichen Zutaten hinzufügen und alles zu einer cremige Paste pürieren.

3 Die Paste in eine Schüssel füllen und mit Folie abgedeckt im Kühlschrank aufbewahren. Der Cashewkäse ist bis zu 5 Tage haltbar.

WÜRZIGER
PAPRIKADIP

Der Dip ist ein echtes Multitalent: zum Dippen von Crackern, als Brotaufstrich fürs Pausenbrot oder mit etwas Nudelkochwasser verrührt als pfiffige Pastasauce.

Für 10 Portionen // Zubereitung: 15 Minuten + 1 Stunde Kühlen

1 Zwiebel
1 Knoblauchzehe
1 eingelegte Jalapeño Chili (je nach Geschmack mild oder scharf)
250 g veganer Cheddarkäse
½ TL Pimentkörner
250 g veganer Frischkäse
100 g vegane Mayonnaise
½ TL Harissa (arabische Gewürzpaste)
½ TL edelsüßes Paprikapulver

1 Die Zwiebel sowie den Knoblauch schälen und fein hacken. Die Chilischote etwas kleiner schneiden und dabei entkernen. Den Cheddar grob raspeln. Die Pimentkörner im Mörser grob zerstoßen.

2 Alle vorbereiteten Zutaten mit Frischkäse, Mayonnaise, Harissa und Paprikapulver in den Mixer füllen. Den Mixer auf niedrigster Stufe starten, dann die Geschwindigkeit langsam steigern und alles zu einer cremigen Paste pürieren.

3 Die Paste in eine Schüssel füllen, mit Folie abdecken und mindestens 1 Stunde in den Kühlschrank stellen. Die Creme hält sich gekühlt bis zu 3 Tage.

* Bezieht sich nur auf das obere Rezept

KOCH-KNOW-HOW

Tragen Sie zum Schneiden
von Chilischoten möglichst
immer Einweghandschuhe.
Denn je nach Sorte können die
Scharfstoffe der Schoten
die Haut stark reizen.

PROTEINREICH GLUTENFREI

CASHEW-PILZ-CREME
MIT PETERSILIE

Champignons, Steinpilze und ein köstlicher Hauch von Trüffel werden kombiniert mit Cashewkernen und machen diese würzige Pilzcreme zu einem Tausendsassa in der veganen Küche – ob als Topping für Salate, als Dip für Cracker & Co., als Aufstrich für unterschiedliche Brotsorten oder gemischt mit Nudelkochwasser als fixe Pastasauce.

Für 10 Portionen // Zubereitung: 40 Minuten + 4 Stunden Einweichen

150 g Cashewkerne
20 g getrocknete Steinpilze
1 Zwiebel
1 Knoblauchzehe
je 200 g braune und weiße Champignons
1 kleines Bund Petersilie
2 EL Olivenöl
5 EL veganer trockener Weißwein
je ½ TL getrockneter Oregano und Thymian
Salz
schwarzer Pfeffer aus der Mühle
2 EL Sonnenblumenkerne
1 TL Tamari (glutenfreie Sojasauce)
2–3 Tropfen Trüffelöl

RAFFINIERT WÜRZEN

Diese aromatische Pilzcreme lässt sich mit 1 Schuss Aceto balsamico und Gewürzen wie getrocknetem Rosmarin oder geräuchertem Paprikapulver und Rauchsalz geschmacklich variieren.

1 Die Cashewkerne in einer Schüssel mit kaltem Wasser bedeckt etwa 4 Stunden einweichen. Die Cashews in ein Sieb abgießen, kalt abbrausen und gut abtropfen lassen.

2 Inzwischen die Steinpilze in einer kleinen Schüssel mit kochend heißem Wasser übergießen und etwa 5 Minuten einweichen. Die Zwiebel sowie den Knoblauch schälen und fein hacken. Die Champignons mit einem Küchentuch abreiben und fein hacken, dabei die Stielenden entfernen. Die Petersilie waschen und trocken schütteln, die Blätter abzupfen und fein hacken. Die eingeweichten Steinpilze in ein Sieb abgießen, dabei die Einweichflüssigkeit auffangen und beiseitestellen. Die Pilze kalt abbrausen, sehr gut ausdrücken und etwas kleiner schneiden.

3 Das Olivenöl in einer Pfanne erhitzen und Zwiebel sowie Knoblauch darin kurz anbraten. Die Champignons und die Steinpilze hinzufügen und etwa 10 Minuten mitbraten, bis die Flüssigkeit vollständig verdampft ist. Mit Wein ablöschen und 1 Minute weiterbraten. Oregano, Thymian und Petersilie unterrühren. Die Pilzmischung mit Salz und grob gemahlenem Pfeffer abschmecken. Die Pfanne vom Herd nehmen.

4 Die Sonnenblumenkerne grob hacken. Mit Cashewkernen, Pilzmischung aus der Pfanne, 2–3 EL von der beiseitegestellten Einweichflüssigkeit der Steinpilze und dem Tamari in den Mixer füllen. Den Mixer auf niedrigster Stufe starten, dann die Geschwindigkeit langsam steigern und die Zutaten zu einer cremigen Paste pürieren.

5 Die Cashew-Pilz-Creme in eine Schüssel füllen und mit dem Trüffelöl, Salz und Pfeffer abschmecken.

SUPPEN &
EINTÖPFE

GLUTENFREI SOJAFREI

THAI-BRÜHE
MIT PILZEN UND ZITRONENGRAS

Die Aromen Thailands – scharfe Chili, leichte Süße, würzige Kräuter und erfrischend zitroniger Geschmack – vereinen sich in der superschlanken Tom Yum Suppe, wie die Brühe in ihrer Heimat heißt. Sie eignet sich ideal zum Variieren mit Gemüse wie Thai-Auberginen, grünen Bohnen, Tomaten und Soja- oder Bambussprossen.

Für 4 Personen // Zubereitung: 30 Minuten

250 g Champignons
2 Stängel Zitronengras
1 Stück Galgant (etwa 5 cm)
1 kleine Chilischote
1,5 l glutenfreie Gemüsebrühe
½ TL Rohrohrzucker
½ TL Chilipaste (z. B. Sambal oelek)
4 Kaffir-Limettenblätter (aus dem Asienladen)
1 kleines Bund Koriandergrün

1 Die Champignons mit einem Küchentuch abreiben und in feine Scheiben schneiden, dabei die Stielenden entfernen. Vom Zitronengras die welken Außenblätter und die obere, trockene Hälfte entfernen. Die Stängel waschen, auf eine Arbeitsplatte legen und mit dem Messerrücken anschlagen, damit die ätherischen Öle austreten können, und anschließend schräg in dünne Scheiben schneiden.

2 Den Galgant schälen und in dünne Scheiben schneiden. Die Chilischote längs vierteln, entkernen und waschen.

3 Die Brühe mit Zucker und Chilipaste in einem großen Topf aufkochen. Zitronengras, Galgant, Chili und Kaffir-Limettenblätter einrühren und alles etwa 5 Minuten köcheln lassen. Die Champignons hinzufügen und kurz mitköcheln lassen.

4 Den Koriander waschen und trocken schütteln. Die Blätter abzupfen, fein hacken, unter die Brühe rühren und diese sofort servieren. Zitronengras, Chili und Limettenblätter nach Belieben vor dem Servieren oder während des Essens entfernen.

AUCH LECKER!

Mit ein paar Esslöffeln Kokosmilch wird die Suppe sämiger und süßer im Geschmack. Diese einfach am Ende mit den Champignons unter die Brühe rühren und kurz erhitzen.

AUCH LECKER!

Möhrenstreifen, Champignons, Zuckerschoten, kleine Brokkoliröschen und Sojabohnensprossen haben ebenfalls kurze Garzeiten und schmecken wunderbar als Einlagen in der Brühe.

MISOSUPPE
MIT TOFU, PAK CHOI UND SHIITAKE

Ein schlankes Süppchen mit hohem Nährwert-Potenzial: Die Grundbrühe schmeckt nach den feinwürzigen Aromen von Zitronengras, Tamari und Miso, die Einlagen können saisonal und regional beliebig variieren und so immer wieder auch in Sachen Mineralstoffen und Vitaminen Neues bieten.

Für 4 Personen // Zubereitung: 30 Minuten

1 Schalotte
2 Knoblauchzehen
1 Stück Galgant (etwa 3 cm)
2 EL neutrales Pflanzenöl
4 EL Sojasauce
150 g asiatische Weizennudeln (ohne Ei)
Salz
2 Frühlingszwiebeln
1 kleiner Pak Choi
1 rote Paprikaschote
½ kleine Zucchini
150 g Shiitakepilze
2 Radieschen
200 g Tofu natur
2 EL helle Misopaste
(aus dem Asien- oder Bioladen)

1 Schalotte, Knoblauch sowie Galgant schälen und klein würfeln. Das Öl in einem breiten Topf erhitzen und Schalotten-, Knoblauch- sowie Galgantwürfel darin unter Rühren 2 Minuten anbraten. Etwa 1 l Wasser angießen und aufkochen lassen. Sojasauce einrühren und alles bei schwacher Hitze etwa 15 Minuten köcheln lassen.

2 Inzwischen die Nudeln nach Packungsangabe in reichlich kochendem Salzwasser bissfest garen. In ein Sieb abgießen, mit kaltem Wasser abschrecken und abtropfen lassen. Die Frühlingszwiebeln waschen und ohne die Wurzelansätze fein würfeln. Den Pak Choi waschen und in breite Streifen schneiden. Die Paprikaschote längs halbieren, entkernen, waschen und in Streifen schneiden. Die Zucchini waschen, längs in Scheiben und dann quer in Streifen schneiden. Die Pilze mit einem Küchentuch abreiben und je nach Größe ganz lassen, halbieren oder vierteln. Die Radieschen waschen und in dünne Scheiben schneiden. Den Tofu in acht Streifen schneiden.

3 Frühlingszwiebeln, Pak Choi, Paprika, Zucchini, Radieschen und Pilze in die Suppe geben. Etwa 5 Minuten ziehen lassen und erwärmen. Die Nudeln unterrühren. Etwas Brühe mit einer Schöpfkelle aus dem Topf nehmen und die Misopaste darin auflösen. Die Mischung zurück in den Topf geben und unterrühren. Die Tofustreifen auf tiefe Teller verteilen und mit der Misosuppe auffüllen.

GRÜNKOHL-SUPPE
MIT INGWER

Eine bunte Gemüsesuppe mit exotischem Touch, die durch Ingwer, Knoblauch und Shiitakepilze nicht nur die Gesundheit stärkt, sondern auch die Seele wärmt.

Für 5 große oder 10 kleine Portionen // Zubereitung: 35 Minuten

100 g Basmatireis
Salz
2 Möhren
2 Stangen Staudensellerie
1 Bund Frühlingszwiebeln
1 Stück Ingwer (5 cm)
2 Knoblauchzehen
1 EL Sesamöl
2 l glutenfreie Gemüsebrühe
1 TL Tamari (glutenfreie Sojasauce; aus dem Asien- oder Bioladen)
200 g Shiitakepilze
8 Grünkohlblätter
Saft von 1 Zitrone
1 TL scharfe Chilisauce

1 Den Reis in einem Topf mit 200 ml Salzwasser aufkochen. Dann zugedeckt unter gelegentlichem Umrühren bei schwacher Hitze etwa 20 Minuten köcheln lassen, bis die Flüssigkeit fast vollständig aufgesogen ist. Den Topf beiseitestellen.

2 Während der Reis gart, die Möhren schälen und in dünne Scheiben schneiden. Die Selleriestangen waschen und quer in dünne Scheiben schneiden. Die Frühlingszwiebeln waschen, die Wurzelansätze entfernen. Die weißen Frühlingszwiebelteile fein hacken, die grünen Teile in Ringe schneiden. Ingwer sowie Knoblauch schälen und fein hacken.

3 Das Öl in einem Topf erhitzen und Ingwer, Knoblauch sowie die gehackten weißen Frühlingszwiebelteile 1 Minute darin anbraten. Möhren und Sellerie hinzufügen und etwa 1 Minute mitbraten. Mit der Brühe aufgießen und die Frühlingszwiebelringe dazugeben. Die Brühe mit Tamari würzen und bei schwacher Hitze etwa 15 Minuten köcheln lassen.

4 Inzwischen die Pilze mit einem Küchentuch abreiben und in dünne Streifen schneiden, dabei die Stielenden entfernen. Die Grünkohlblätter waschen und etwas kleiner zupfen, harte Stiele und Mittelrippen dabei entfernen. Grünkohl und Pilze in die Brühe geben und alles weitere 5 Minuten köcheln lassen.

5 Die Grünkohlsuppe mit Zitronensaft und Chilisauce würzen. Den Reis auf vier Suppenschalen verteilen und mit der Suppe auffüllen.

GUT ZU WISSEN

Diese köstliche Suppe ist das perfekte Hausmittel gegen Erkältungen und auch vorbeugend besonders empfehlenswert – speziell im Winter, wenn das Immunsystem gestärkt werden soll.

TOMATEN-SUPPE
MIT REIS

Vollreife, aromatische Tomaten sind das Geheimnis einer guten Tomatensuppe – und natürlich die feine Abstimmung mit mediterranen Gewürzen. So kann das kalorienarme Gemüse mit dem hohen Vitamin-C-Gehalt ruhig häufiger auf den Tisch kommen.

Für 4 Personen // Zubereitung: 45 Minuten

½ Bund Suppengemüse (Möhre, Knollensellerie, Lauch)
1 Zwiebel
2 Knoblauchzehen
500 g Tomaten
3 EL Olivenöl
1 EL Tomatenmark
100 ml veganer trockener Rotwein
Salz
schwarzer Pfeffer aus der Mühle
1 Prise Rohrohrzucker
½ TL getrockneter Oregano
1 l glutenfreie Gemüsebrühe
1 Bund Basilikum
50 g Reis (je nach Geschmack weißer Langkornreis, Vollkornreis oder Basmatireis)
bunter Pfeffer aus der Mühle

1 Das Suppengemüse schälen beziehungsweise waschen und in sehr kleine Stücke schneiden. Die Zwiebel sowie den Knoblauch schälen und fein würfeln. Die Tomaten waschen und in kleine Stücke schneiden, dabei die Stielansätze entfernen.

2 Das Öl in einem großen Topf erhitzen und Zwiebeln, Knoblauch und Suppengemüse etwa 5 Minuten darin anbraten. Das Tomatenmark hinzufügen und kurz mitrösten. Die Tomaten dazugeben, mit Wein ablöschen und mit Salz, Pfeffer, Zucker sowie Oregano würzen. Die Brühe angießen.

3 Die Suppe aufkochen, dann zugedeckt bei mittlerer Hitze etwa 10 Minuten köcheln lassen. Inzwischen das Basilikum waschen und trocken schütteln, die Blätter abzupfen und in Streifen schneiden.

4 Die Suppe nochmals mit Salz und Pfeffer abschmecken und nach Belieben mit dem Stabmixer fein pürieren. Den Reis unterrühren und die Suppe etwa 15 Minuten weiterköcheln lassen, bis der Reis gar ist. In Suppenschalen verteilen, bunten Pfeffer grob darübermahlen und mit Basilikum bestreuen.

KOCH-KNOW-HOW

Die Suppe ist schneller fertig, wenn Sie den Reis direkt zu Beginn der Zubereitung separat aufsetzen und kochen, oder Sie gekochten Reis vom Vortag verwenden. Den Reis dann einfach in Suppenschalen verteilen und mit der pürierten Suppe aufgießen.

BLUMEN-KOHLSUPPE
MIT KOKOS

Blumenkohl in Verbindung mit Kokosnuss schmeckt phänomenal. Kombiniert mit einer asiatischen Gewürzmischung, Ingwer und Koriander ist das ballaststoffreiche Gemüse außerdem eine Wohltat für Magen und Darm und sorgt für eine gesunde Verdauung.

Für 4 Personen // Zubereitung: 30 Minuten

500 g Blumenkohlröschen
1 Stück Ingwer (etwa 5 cm)
2 Frühlingszwiebeln
2 EL Rapsöl
1 EL gemahlener Kreuzkümmel
1 EL indische Currypaste
½ TL Currypulver
1 l glutenfreie Gemüsebrühe
200 ml Kokosmilch (aus der Dose)
½ TL geräuchertes Paprikapulver
1–2 EL Olivenöl
½ Bund Koriandergrün
Salz
schwarzer Pfeffer aus der Mühle
1 EL Mangochutney (Fertigprodukt)

1 Die Blumenkohlröschen waschen und klein schneiden. Den Ingwer schälen und fein hacken. Die Frühlingszwiebeln waschen und ohne die Wurzelansätze fein schneiden.

2 Das Rapsöl in einem großen Topf erhitzen und den Kreuzkümmel darin 1 Minute anbraten. Den Blumenkohl hinzufügen und unter Rühren kurz mit anbraten. Ingwer, Frühlingszwiebeln, Currypaste und Currypulver hinzufügen und alles 1 Minute unter Rühren weiterbraten.

3 Brühe und Kokosmilch angießen. Die Suppe aufkochen, dann bei schwacher Hitze etwa 15 Minuten zugedeckt köcheln lassen. Inzwischen das Paprikapulver mit dem Olivenöl verrühren. Den Koriander waschen und trocken schütteln, die Blätter abzupfen und fein hacken.

4 Die Suppe mit Salz sowie Pfeffer abschmecken und mit dem Stabmixer fein pürieren. Das Mangochutney und den Koriander unterrühren. Die Suppe in vier Schalen verteilen und jeweils mit einigen Tropfen Paprikaöl sowie etwas grob gemahlenem Pfeffer garnieren.

RAFFINIERT WÜRZEN

Falls Ihnen die Suppe zu scharf sein sollte, einfach 1 EL Mangochutney zusätzlich einrühren.

KARTOFFEL-MAIS-SUPPE

Durch das Pürieren von Kartoffeln und Gemüse wird die Suppe schön cremig und sättigt gut, bleibt aber dennoch kalorienarm – die ideale Mahlzeit, um sich an kühlen Herbsttagen nach einem Spaziergang aufzuwärmen.

Für 4 Personen // Zubereitung: 45 Minuten

1 Zwiebel
½ Stange Lauch
1 Möhre
500 g mehligkochende Kartoffeln
2 EL Weizenkeimöl
2–3 EL veganer Weißwein (oder Wasser)
1 Prise Cayennepfeffer
½ TL getrockneter Kerbel
Salz
schwarzer Pfeffer aus der Mühle
1 l glutenfreie Gemüsebrühe
1 kleine rote Paprikaschote
200 g Gemüsemais (aus der Dose)
1 Prise frisch geriebene Muskatnuss

1 Die Zwiebel schälen und fein hacken. Den Lauch vom Wurzelansatz befreien, längs halbieren, waschen und quer in dünne Streifen schneiden. Die Möhre schälen und in kleine Stücke schneiden. Die Kartoffeln schälen und in etwa 1 cm große Würfel schneiden.

2 Das Öl in einem großen Topf erhitzen und Zwiebel, Möhren sowie Lauch 2 Minuten darin anbraten. Die Kartoffeln hinzufügen und unter Rühren etwa 5 Minuten mitbraten. Mit Wein beträufeln und mit Cayennepfeffer und Kerbel würzen. Mit Salz und Pfeffer abschmecken.

3 Die Brühe angießen. Die Suppe aufkochen, dann zugedeckt bei mittlerer Hitze etwa 20 Minuten köcheln lassen. Inzwischen die Paprikaschote längs halbieren, entkernen, waschen und in kleine Würfel schneiden. Den Mais in ein Sieb abgießen und abtropfen lassen.

4 Etwas Gemüse mit dem Schaumlöffel aus der Suppe nehmen und auf einem Teller beiseitestellen. Die restlichen Gemüsestücke in der Brühe mit dem Stabmixer fein pürieren. Beiseitegestelltes Gemüse, Mais und Paprikawürfel in die Suppe geben und einige Minuten darin erwärmen. Die Suppe mit Muskat abschmecken, in Schalen verteilen und mit Pfeffer aus der Mühle garnieren.

DEKO-TIPP

Nach Belieben 50 g Mandelblättchen in einer Pfanne ohne Fett goldgelb anrösten und als Garnitur für die Suppe verwenden.

MÖHREN-SÜSS-KARTOFFEL-SUPPE

Löffel für Löffel das reinste Suppenglück: Die leicht süßliche Note von Möhren und Süßkartoffeln wird harmonisch vom fruchtigen Tomatenaroma abgerundet, Kokosmilch sorgt für die cremige Textur.

Für 4 Personen // Zubereitung: 30 Minuten + 15 Minuten Kochen

1 große Zwiebel
1 Stück Ingwer (etwa 3 cm)
250 g Möhren
250 g Tomaten
1 kleine Süßkartoffel (etwa 150 g)
2 EL neutrales Pflanzenöl
½ TL Tomatenmark
Salz
schwarzer Pfeffer aus der Mühle
500 ml glutenfreie Gemüsebrühe
200 ml Kokosmilch

1 Zwiebel sowie Ingwer schälen und klein würfeln. Die Möhren schälen und in kleine Stücke schneiden. Die Tomaten jeweils an der Seite ohne Stielansatz kreuzweise einritzen, mit kochend heißem Wasser überbrühen, häuten, vierteln und entkernen. Die Viertel in schmale Streifen schneiden. Die Süßkartoffel schälen, waschen und in kleine Stücke schneiden.

2 Das Öl in einem großen Topf erhitzen und Zwiebel, Ingwer, Möhren, Tomaten und Süßkartoffel darin 2–3 Minuten anbraten. Das Tomatenmark einrühren und alles mit Salz sowie Pfeffer würzen. Brühe und Kokosmilch angießen. Alles kurz aufkochen und dann zugedeckt bei schwacher Hitze etwa 15 Minuten köcheln lassen.

3 Das Gemüse in der Brühe mit dem Stabmixer grob bis mittelfein pürieren, es dürfen noch grobe Stücke zu sehen sein. Die Suppe nochmals mit Salz und Pfeffer abschmecken und servieren.

KOCH-KNOW-HOW

Achten Sie darauf, zum Anbraten generell nur ein hoch erhitzbares Öl zu verwenden, in der Regel machen die Hersteller hierzu Angaben auf der Öl-flasche. Die meisten kalt gepressten Öle, wie etwa Nussöle, eignen sich nicht zum Erhitzen, da dann ihre wertvollen Fettsäuren leiden.

SÜSSSAURER LINSEN-EINTOPF

Für dieses pikante Gemüse eignen sich die getrockneten Puy-Linsen hervorragend. Sie müssen dank ihrer dünnen Schale nicht eingeweicht werden und können so spontan nach Zeit und Lust schnell zu einem köstlichen und vor allem gesunden Gemüsegericht verarbeitet werden.

Für 4 Personen // Zubereitung: 50 Minuten

2 Schalotten
2 Knoblauchzehen
2 Möhren
2 Petersilienwurzeln
400 g Puy-Linsen
2 EL Weizenkeimöl
1 EL würziger Senf (z. B. Dijonsenf)
1 EL Ahornsirup
500 ml Gemüsebrühe
1 Prise getrockneter Thymian
Salz
schwarzer Pfeffer aus der Mühle
2 Frühlingszwiebeln
1 Stange Staudensellerie
etwas Crema di Balsamico bianco

1 Schalotten, Knoblauch, Möhren und Petersilienwurzeln schälen und fein würfeln. Die Linsen in einem Sieb mit Wasser abbrausen und abtropfen lassen.

2 Das Öl in einem Topf erhitzen. Schalotten, Knoblauch, Möhren und Petersilienwurzeln darin unter Rühren 2 Minuten anbraten. Die Linsen hinzufügen und kurz mitbraten. Senf und Ahornsirup unterrühren. Die Brühe angießen und kurz aufkochen lassen. Das Linsengemüse mit Thymian, Salz sowie Pfeffer würzen und zugedeckt bei schwacher Hitze unter gelegentlichem Umrühren etwa 20 Minuten köcheln lassen.

3 Inzwischen die Frühlingszwiebeln waschen und ohne die Wurzelansätze in kleine Würfel schneiden. Den Sellerie waschen, falls nötig von Fäden befreien und quer in kleine Stücke schneiden. Frühlingszwiebeln und Sellerie zu den Linsen geben und den Eintopf etwa 10 Minuten fertig garen.

4 Den Linseneintopf nochmals mit Salz sowie Pfeffer abschmecken und auf Teller verteilen. Je etwas Crema di Balsamico in Fäden darüberziehen. Dazu passt Baguette.

SWITCH!

Auch braune oder grüne Tellerlinsen sowie Beluga-Linsen eignen sich gut für Linseneintöpfe mit Biss, da sie beim Kochen die Form behalten. Passen Sie je nach Sorte einfach die Kochzeit an.

GEMÜSE-CHILI
MIT ZWEIERLEI BOHNEN

Dieser Eintopf beweist es all jenen, die bislang noch daran gezweifelt haben: Deftig und vegan schließen sich keinesfalls aus! Zweierlei Bohnen und viele Gewürze – allen voran Chili für feurige Schärfe – bilden die Grundlage für etwas Herzhaftes zum Sattessen.

Für 4 Personen // Zubereitung: 50 Minuten

2 mittelgroße Zwiebeln
2 Knoblauchzehen
je 1 kleine gelbe und rote Paprikaschote
1 kleine rote Chilischote
250 g Champignons
1 Dose Kidneybohnen (400 g)
1 Dose Wachtelbohnen (250 g)
2 EL neutrales Pflanzenöl
½ TL Chiligewürz (Chilipulver, siehe Tipp Seite 140)
1 TL getrockneter Oregano
½ TL getrockneter Thymian
Salz
schwarzer Pfeffer aus der Mühle
500 g stückige Tomaten (aus der Dose)
Tabascosauce (nach Geschmack)
Cocos Whip (aufschlagbare Kokossahne; nach Belieben)
gehacktes Koriandergrün (nach Belieben)

1 Zwiebeln sowie Knoblauch schälen und fein hacken. Paprikaschoten und Chilischote jeweils längs halbieren, entkernen und waschen. Die Paprika in Streifen, die Chili in feine Würfel schneiden. Die Champignons mit einem Küchentuch abreiben und in dünne Scheiben schneiden, dabei die Stielenden entfernen. Die Kidney- und Wachtelbohnen in ein Sieb abgießen und abtropfen lassen.

2 Das Öl in einem großen Topf erhitzen und Zwiebeln, Knoblauch sowie Chili kurz darin anbraten. Champignons und Paprikastreifen hinzufügen und unter Rühren 2 Minuten mitbraten. Chilipulver, Oregano und Thymian unterrühren. Alles mit Salz und Pfeffer würzen.

3 Die Tomaten dazugeben und alles zugedeckt bei schwacher Hitze etwa 10 Minuten köcheln lassen. Beide Bohnensorten unterrühren, nochmals mit Salz und Pfeffer abschmecken und weitere 10 Minuten köcheln lassen. Das Gemüse-Chili mit Tabasco abschmecken und in Portionsschalen oder tiefe Teller verteilen. Nach Belieben mit einem Klecks geschlagener Cocos Whip und Koriandergrün garnieren. Dazu schmecken Tacos.

RAFFINIERT WÜRZEN

In das fertige Chili 50 g vegane Zartbitterschokolade rühren und schmelzen lassen. Das sorgt für einen süßlichen Touch und mildert auch die Schärfe, falls das Chili zu feurig geraten ist.

WÜRZIGS
PILZRAGOUT
MIT KRÄUTERN

Je nachdem welche Pilze verwendet werden – ob Steinpilze, Pfifferlinge, Trompetenpilze oder Shiitakepilze –, ähnelt die Konsistenz des Ragouts der eines Fleischragouts. Es eignet sich deshalb wunderbar zur Bewirtung von Gästen mit unterschiedlichen Essvorlieben.

Für 4 Personen // Zubereitung: 45 Minuten

1 Zwiebel
2 Knoblauchzehen
1 große Möhre
750 g gemischte Pilze (Champignons, Egerlinge, Pfifferlinge, Shiitakepilze, Steinpilze)
2 EL neutrales Pflanzenöl
Salz
schwarzer Pfeffer aus der Mühle
¼ TL edelsüßes Paprikapulver
1 TL Tomatenmark
400 ml Gemüsebrühe
1 kleines Bund glatte Petersilie
50 g Bio-Pastete Shiitake (siehe Tipp)

1 Zwiebel und Knoblauch schälen und fein hacken. Die Möhre schälen und in kleine Würfel schneiden. Die Pilze mit einem Küchentuch abreiben und je nach Größe kleiner schneiden.

2 Das Öl in einer großen Pfanne erhitzen und Zwiebel, Knoblauch sowie Möhren kurz darin anbraten. Die Pilze hinzufügen und unter Schwenken etwa 5 Minuten mitbraten. Mit Salz, Pfeffer und Paprikapulver würzen. Das Tomatenmark hinzufügen und leicht rösten. Die Brühe angießen und das Ragout zugedeckt bei schwacher Hitze etwa 15 Minuten köcheln lassen.

3 Inzwischen die Petersilie waschen und trocken schütteln, die Blätter abzupfen und hacken. Die Pastete und die Petersilie unter das Ragout rühren und dieses nochmals mit Salz und Pfeffer abschmecken. Dazu schmecken Reis oder Salzkartoffeln.

GUT ZU WISSEN

Eine fertige Pastete aus Shiitakepilzen, Hefe, Kokosfett und Kartoffelstärke rundet das Ragout geschmacklich ab und sorgt für eine cremige Konsistenz. In Bioläden, Reformhäusern und Drogeriemärkten finden Sie die Pastete im Regal bei den veganen und vegetarischen Brotaufstrichen. Ansonsten ersatzweise 100 ml Rice cuisine (Reissahne) verwenden.

PROTEINREICH GLUTENFREI SOJAFREI

MEXIKANISCHER
SONNTAGS-
EINTOPF

Zum fachgerechten Servieren wird der Suppentopf einfach auf den Tisch gestellt. Rundherum sind kleine Schüsseln mit frischen Zutaten, die jeder beliebig mit seinem Eintopf-gericht variieren kann. Dazu werden Tostadas gereicht, knusprig gebratene Tortillas.

Für 4 Personen // Zubereitung: 40 Minuten

Für den Eintopf:
1 große Zwiebel
2 Knoblauchzehen
2 kleine rote Chilischoten
1 große Möhre
1 Zucchini
250 g braune Champignons
1 Dose Kichererbsen (400 g)
2 EL neutrales Pflanzenöl
Salz
1 TL Chilipulver
½ TL gemahlener Kreuzkümmel
1 TL getrockneter Oregano
1 l glutenfreie Gemüsebrühe
schwarzer Pfeffer aus der Mühle

Für die Einlage:
1 kleines Bund Radieschen
1 grüne Paprikaschote
2 Frühlingszwiebeln
½ Eisbergsalat
1 kleines Bund Koriandergrün

1 Zwiebel und Knoblauch schälen und fein hacken. Die Chilischoten längs halbieren, entkernen, waschen und fein würfeln. Die Möhre schälen und in dünne Scheiben schneiden. Die Zucchini waschen, vom Stielansatz befreien, längs vierteln und quer in Scheiben schneiden. Die Champignons mit einen Küchentuch abreiben und in etwa 0,5 cm dicke Scheiben schneiden. Die Kichererbsen in ein Sieb abgießen und abtropfen lassen.

2 Das Öl in einem Topf erhitzen und Zwiebel, Knoblauch, Chiliwürfel sowie Möhrenscheiben etwa 5 Minuten darin anbraten. Die Champignons unterrühren und alles mit Salz, Chilipulver, Kreuzkümmel sowie Oregano würzen. Die Brühe angießen und aufkochen. Kichererbsen sowie Zucchinistücke unterrühren und alles zugedeckt bei mittlerer Hitze etwa 5 Minuten köcheln lassen.

3 Inzwischen für die Einlage die Radieschen waschen und in dünne Scheiben schneiden. Die Paprikaschote längs halbieren, entkernen, waschen und in Streifen schneiden. Die Frühlingszwiebeln waschen, die Wurzelansätze entfernen. Die grünen Frühlingszwiebelteile schräg in dünne Streifen, die weißen Teile in kleine Würfel schneiden. Den Salat vom Strunk befreien, waschen, abtropfen lassen und in feine Streifen schneiden. Die vorbereiteten Zutaten jeweils separat in Schälchen geben.

4 Den Koriander waschen und trocken schütteln, die Blätter abzupfen und fein hacken. Den Eintopf nochmals mit Salz sowie Pfeffer abschmecken und die Hälfte des Korianders unterrühren. Den restlichen Koriander in ein Schälchen füllen. Den Eintopf im Topf servieren und die Schälchen mit den geschnittenen Zutaten darum herum stellen.

AUCH LECKER!

Wem es ein bisschen zu »spicy« ist, der kann zusätzlich frisch geschnittene Avocadospalten mit reichlich Limettensaft dazu servieren. Das hilft dabei, die Würze zu neutralisieren.

PROTEINREICH GLUTENFREI SOJAFREI

MEDITERRANER
BOHNEN-
EINTOPF

Weiße Bohnen liefern in diesem Eintopf eine gute Portion Eiweiß und tragen so auch zu einer lang anhaltenden Sättigung bei. Das Einweichen und Garen der Bohnen dauert ein bisschen, aber viel Arbeit macht das Gericht an sich nicht.

Für 4 Personen // Zubereitung: 1 Stunde + 6 Stunden Einweichen + 45 Minuten Garen

400 g getrocknete weiße Bohnen
Salz
500 g Tomaten
1 Zwiebel
2 Knoblauchzehen
½ Bund Suppengemüse (Möhre, Knollensellerie, Lauch)
2 EL Olivenöl
1 EL Tomatenmark
250 ml veganer Rotwein (ersatzweise glutenfreie Gemüsebrühe)
1 TL getrocknete Kräuter der Provence
schwarzer Pfeffer aus der Mühle
500 ml glutenfreie Gemüsebrühe
1 Zweig Thymian
gehackte Petersilie (nach Belieben)

1 Die Bohnen in 1 l kaltem Wasser mindestens 6 Stunden einweichen. Anschließend mit dem Einweichwasser und 1 kräftigen Prise Salz in einem Topf aufkochen und zugedeckt bei mittlerer Hitze knapp 1 Stunde weich köcheln.

2 Inzwischen die Tomaten jeweils auf der Seite ohne Stielansatz kreuzweise einritzen, mit kochend heißem Wasser überbrühen, häuten, entkernen und in kleine Würfel schneiden. Zwiebel sowie Knoblauch schälen und fein würfeln. Das Suppengemüse schälen beziehungsweise waschen und in kleine Würfel schneiden.

3 Das Öl in einem Topf erhitzen und Zwiebel, Knoblauch sowie Suppengemüse etwa 5 Minuten darin braten. Das Tomatenmark hinzufügen, leicht rösten und mit dem Wein ablöschen. Tomaten und Kräuter der Provence unterrühren. Mit Salz und Pfeffer würzen.

4 Den Backofen auf 180 °C vorheizen. Die Bohnen mitsamt dem Kochwasser sowie der Brühe in einen ofenfesten Schmortopf füllen. Den Thymianzweig waschen und darauflegen. Die Gemüsemischung unterheben. Im Ofen auf der mittleren Schiene zugedeckt etwa 45 Minuten garen. Den Bohneneintopf nach Belieben mit gehackter Petersilie bestreuen. Dazu schmeckt knuspriges Weißbrot oder Baguette.

GUT ZU WISSEN

Wenn Kinder mitessen, sollten Sie beim Kochen auf Alkohol verzichten. Kleine Mengen können Sie durch veganen Traubensaft oder Balsamico-Essig ersetzen, größere durch Gemüsebrühe.

GEMÜSE-EINTOPF
AUS DEM BACKOFEN

Wenn Gemüse langsam im Backofen vor sich hin schmurgelt, entfaltet es nach und nach sein unvergleichliches Aroma und durchzieht die ganze Wohnung mit einem herrlichen Duft. Auf hungrige Esser werden Sie dann nicht lange warten müssen.

Für 4 Personen // Zubereitung: 50 Minuten + 40 Minuten Backen

1 Aubergine
Salz
500 g festkochende Kartoffeln
250 g grüne Bohnen
500 g Kirschtomaten
1 Zucchini
2 Zwiebeln
2 Knoblauchzehen
1 getrocknete Chilischote
je 1 grüne und rote Paprikaschote
1 Bund Basilikum
100 ml Olivenöl
schwarzer Pfeffer aus der Mühle
1 TL getrockneter Oregano

1 Die Aubergine waschen, längs vierteln und ohne den Stielansatz in etwa 0,5 cm dicke Scheiben schneiden. Die Scheiben in einer Schüssel mit 1 TL Salz bestreuen und etwa 30 Minuten ziehen lassen. Die Kartoffeln waschen und in Salzwasser etwa 15 Minuten nicht ganz weich garen.

2 Inzwischen die Bohnen waschen, die Enden abschneiden. Die Bohnen in kochendem Wasser 1 Minute blanchieren. In ein Sieb abgießen, mit kaltem Wasser abschrecken und abtropfen lassen. Die Tomaten waschen und vierteln. Die Zucchini waschen, der Länge nach halbieren und ohne den Stielansatz in etwa 0,5 cm dicke Scheiben schneiden. Zwiebeln sowie Knoblauch schälen und in Streifen schneiden. Die Chilischote mit den Fingern zerbröseln. Die Paprikaschoten längs halbieren, entkernen, waschen und in Streifen schneiden. Das Basilikum waschen und trocken schütteln, die Blätter abzupfen und in feine Streifen schneiden.

3 Die Kartoffeln abgießen, kurz ausdampfen lassen, noch heiß pellen und in etwa 0,5 cm dicke Scheiben schneiden. Die Auberginenscheiben in ein Sieb abgießen, kalt abbrausen, abtropfen lassen und mit Küchenpapier trocken tupfen. Den Backofen auf 180 °C vorheizen.

4 Das Öl in einem ofenfesten Schmortopf erhitzen und Zwiebeln, Knoblauch sowie Chilibrösel darin anbraten. Die Auberginenscheiben hinzufügen und unter Rühren etwa 5 Minuten anbraten. Zucchini, Paprika, Bohnen sowie Kartoffeln dazugeben und 3 Minuten weiterbraten. Die Tomaten unterrühren und alles mit Salz, Pfeffer und Oregano würzen. Den Topf mit einem Deckel oder Alufolie verschließen und das Gemüse im Ofen auf der mittleren Schiene 40 Minuten backen. Vor dem Servieren das Basilikum unterrühren.

SALATE &
SANDWICHES

AUCH LECKER!

Kerne von 1 Granatapfel mit 1 EL Birnendicksaft und 250 ml Sherry-essig in einem Topf verrühren. Einmal aufkochen lassen, dann den Topf beiseite-ziehen und die Mischung abkühlen lassen. 2 EL unter den Rotkohlsalat mischen, den Rest anderweitig (zum Beispiel für Salate) verwenden.

ROHER ROTKOHLSALAT
MIT NASHI

Roh köstlich, mariniert mit nussigem Öl und fruchtig aromatisiert mit frischer Nashi, einer in Asien beheimateten Birnenart – so schmeckt Rotkohl einmal ganz überraschend anders.

Für 4 Personen // Zubereitung: 30 Minuten + 2 Stunden Kühlen

½ Rotkohl (etwa 600 g)
schwarzer Pfeffer aus der Mühle
Meersalz
1 EL Granatapfelsirup
½ Bio-Orange
1 rote Zwiebel
2 EL Walnussöl
50 g Walnusskerne
1 Nashi-Birne

1 Vom Rotkohl die äußeren Blätter und den Strunk entfernen. Den Kohl mit dem Küchenhobel in feine Streifen schneiden. Die Streifen in einer Schüssel mit grob gemahlenem Pfeffer, Salz und Granatapfelsirup vermengen.

2 Die Orange heiß waschen und trocken reiben. Von der Schale mit einem Zestenreißer feine Streifen abziehen und den Saft auspressen.

3 Die Zwiebel schälen, halbieren und in feine Streifen schneiden. Mit Walnussöl, Orangenzesten und -saft unter die Rotkohlstreifen mischen.

4 Die Walnüsse grob hacken und in einer Pfanne ohne Fett 1–2 Minuten rösten. Herausnehmen und auf einem Teller kurz abkühlen lassen. Die Nashi waschen, vierteln, entkernen und in feine Spalten schneiden. Mit den Walnüssen locker unter den Rotkohl ziehen. Den Salat zugedeckt etwa 2 Stunden im Kühlschrank durchziehen lassen.

DEKO-TIPP

Die Walnüsse können auch erst nach dem Durchziehen als Dekoration verwendet werden.

KOCH-KNOW-HOW

Den Hokkaidokürbis müssen
Sie nicht unbedingt schälen –
die Schale wird beim Garen
im Ofen so weich, dass
man sie mitessen kann.

KÜRBISSALAT
MIT SÜSSKARTOFFELN
UND GRÜNEN OLIVEN

Süßkartoffeln, auch Bataten genannt, sind nicht – wie der Name vermuten lassen würde – mit Kartoffeln verwandt. Die Knollen mit dem süßlichen Geschmack ergänzen sich phänomenal mit Kürbis.

Für 4 Personen // Zubereitung: 40 Minuten

1 kleiner Hokkaidokürbis (etwa 500 g)
1 große Süßkartoffel (etwa 250 g)
5 EL Olivenöl
1 Msp. Currypulver
1 Prise Cayennepfeffer
1 kräftige Prise frisch geriebene
Muskatnuss
Salz
schwarzer Pfeffer aus der Mühle
1 kleines Bund Petersilie
100 g grüne Oliven
Kokosjoghurt zum Servieren
(nach Belieben)

1 Den Backofen auf 180 °C vorheizen. Ein Backblech mit Backpapier auslegen. Den Kürbis halbieren, entkernen und schälen. Das Fruchtfleisch in mundgerechte Stücke schneiden. Die Süßkartoffel schälen, waschen und ebenfalls in mundgerechte Stücke schneiden.

2 Kürbis- und Kartoffelstücke auf dem Backpapier verteilen. 2 EL Öl mit Currypulver, Cayennepfeffer sowie Muskat verrühren und die Gemüsestücke damit bestreichen. Mit Salz sowie Pfeffer würzen und im Ofen auf der mittleren Schiene 15–20 Minuten weich garen. Das Gemüse aus dem Ofen nehmen und abkühlen lassen.

3 Inzwischen die Petersilie waschen und trocken schütteln. Die Blätter abzupfen, fein hacken und mit dem restlichen Öl (3 EL) vermengen. Gemüse, Petersilienöl und Oliven in einer Schüssel locker mischen. Nach Belieben mit einem Schüsselchen Kokosjoghurt servieren.

SWITCH!

Statt Hokkaido können Sie auch anderen Kürbis, etwa Butternut- oder Muskatkürbis verwenden. Sorten mit fester Schale jedoch unbedingt schälen!

ROTE-BETE-SALAT
MIT ORANGEN UND WALNÜSSEN

Für den extra Nährstoffkick: In der bunten Salatmischung stecken nicht nur jede Menge Vitamine und Mineralstoffe, sondern auch reichlich wertvolle Fettsäuren und verdauungsfördernde Ballaststoffe. Diesen optischen Hingucker mit seinen frischen Farben sollten Sie sich vor allem in der kalten Jahreszeit immer wieder einmal schmecken lassen.

Für 4 Personen // Zubereitung: 50 Minuten

2–3 Rote Beten
2–3 Gelbe Beten
3 EL kalt gepresstes Olivenöl
120 g Walnusskerne
2 große Bio-Orangen
Saft von 1 Zitrone
1 TL Dijonsenf
1 TL Meersalz
schwarzer Pfeffer aus der Mühle
2 EL Walnussöl
225 g Eisberg- oder Friséesalatblätter

1 Den Backofen auf 200 °C mit Grillstufe vorheizen. Die Roten und Gelben Beten gut waschen und mit Küchenpapier trocken reiben. Nebeneinander in eine ofenfeste Form legen und mit 1 EL Olivenöl beträufeln. Im Ofen auf der mittleren Schiene etwa 35 Minuten grillen.

2 Inzwischen die Walnüsse in einer Pfanne ohne Fett rösten, bis sie duften. Herausnehmen und abkühlen lassen, dann einige Nüsse klein hacken. 1 Orange waschen und trocken reiben, dann die Schale abreiben. Beide Orangen so schälen, dass auch die weiße Haut mit entfernt wird. Die Fruchtfilets mit einem Messer zwischen den einzelnen Trennhäuten herausschneiden, dabei den austretenden Saft auffangen. Den Saft aus den Orangenresten mit der Hand zum aufgefangenen Saft pressen.

3 Orangensaft und -schale gut mit Zitronensaft, Senf, Salz und Pfeffer verrühren. Nach und nach das restliche Olivenöl (2 EL) sowie das Walnussöl hinzufügen und alles zu einem cremigen Dressing verrühren.

4 Mit einer Gabel in die Beten stechen und prüfen, ob sie weich sind. Sollten die Beten im Innern noch fest sein, einige Minuten länger grillen. Weich gegarte Beten aus dem Ofen nehmen und abkühlen lassen. Die Beten schälen (dabei am besten Einweghandschuhe tragen) und in dünne Spalten schneiden. In einer Schüssel vorsichtig mit den Orangenspalten und der Hälfte des Dressings vermengen.

5 Die Salatblätter waschen, trocken schleudern und in mundgerechte Stücke zupfen. Auf vier Teller verteilen und mit dem restlichen Dressing beträufeln. Die Rote-Bete-Mischung sowie die ganzen und gehackten Walnusskerne darauf anrichten.

GUT VORBEREITET!

Dressing und gegrillte Bete können bereits 1–2 Tage im Voraus zubereitet und im Kühlschrank aufbewahrt werden. Zum Fertigstellen müssen Sie dann nur noch die Walnüsse rösten und den Blattsalat vorbereiten.

ROH GLUTENFREI SOJAFREI

WURZEL-GEMÜSE-SALAT
MIT VEGANAISE

Für diesen frischen Rohkostsalat kommt allerlei knackiges Wurzelgemüse in die Schüssel: Möhre, Petersilienwurzel, Pastinake und Sellerie. Dazu gibt es eine hausgemachte Sauce, die in Konsistenz und Geschmack einer Mayonnaise gleichkommt.

Für 4 Personen (Veganaise für 1 Twist-off-Glas von etwa 250 ml Inhalt) // Zubereitung: 30 Minuten

Für die Veganaise:
100 ml Dinkel, Hafer oder Reis cuisine
(vegane Sahnealternativen)
1 TL Agavendicksaft
2 EL Dijonsenf
200 ml Rapsöl (oder Weizenkeimöl)
Saft von ¼ Zitrone
Salz
schwarzer Pfeffer aus der Mühle

Für den Salat:
2 Möhren (etwa 200 g)
2 Petersilienwurzeln (etwa 200 g)
2 Pastinaken (etwa 300 g)
200 g Knollensellerie
1 kleine Zwiebel
1–2 EL Orangensaft

1 Für die Veganaise die cuisine mit Agavendicksaft und Dijonsenf in einer Schüssel mit den Quirlen des Handrührgeräts cremig rühren. Das Öl nach und nach tröpfchenweise mit dem Stabmixer untermixen. Weiterrühren, bis eine mayonnaiseartige Creme entstanden ist. Den Zitronensaft unterrühren und die Veganaise mit Salz und Pfeffer würzen. Gut verschlossen in einem Twist-off-Glas ist sie im Kühlschrank bis zu 5 Tage haltbar.

2 Für den Salat Möhren, Petersilienwurzel, Pastinaken, Sellerie sowie Zwiebel schälen und in sehr feine Streifen schneiden. Die Gemüsestreifen in einer Schüssel vermischen. Etwa 50 g Veganaise mit dem Orangensaft verrühren und locker mit den Gemüsestreifen vermengen.

AUCH LECKER!

Dieser Salat eignet sich gut als Füllung für Ofenkartoffeln. Dafür den Backofen auf 200 °C vorheizen. 4 große Kartoffeln waschen, in Alufolie wickeln und im Ofen auf der mittleren Schiene in etwa 1 Stunde weich garen.

GEMÜSE-SPAGHETTI-SALAT

Die Gartenernte von Gurke bis Zucchini einfach als Rohkost zubereiten und mit einem pikanten Dressing servieren. Damit der Zeitaufwand lohnt, wird vom Dressing gleich eine größere Menge angerührt – gekühlt ist es etwa 3 Tage haltbar.

Für 4 Personen (Dressing für 1 Twist-off-Glas von 250 ml Inhalt) // Zubereitung: 40 Minuten + 5 Stunden Einweichen + 1 Stunde Durchziehen

Für das Dressing:
100 g Sonnenblumenkerne
1 Zucchini (150 g)
1 Knoblauchzehe
50 g Walnusskerne
Saft von ½ Zitrone
3 EL Olivenöl
Kräutersalz
schwarzer Pfeffer aus der Mühle

Für die Gemüsespaghetti:
je 250 g grüne und gelbe Zucchini
½ Salatgurke
½ TL Salz
1 kleine rote Zwiebel
4 Radieschen
4–5 Stiele glatte Petersilie
4 Prisen schwarze Sesamsamen

1 Für das Dressing die Sonnenblumenkerne in einer Schüssel mit kaltem Wasser bedeckt etwa 5 Stunden einweichen. Anschließend in ein Sieb abgießen, kalt abbrausen und abtropfen lassen.

2 Die Zucchini schälen, den Stielansatz entfernen. Den Knoblauch schälen. Zucchini mit Knoblauch und Walnüssen klein schneiden. Dann mit Sonnenblumenkernen, Zitronensaft und Öl im Mixer fein pürieren. Je nach gewünschter Konsistenz 4–5 EL Wasser hinzufügen und alles zu einer leicht cremigen Sauce pürieren. Mit Kräutersalz und Pfeffer abschmecken. Das Dressing in ein Twist-off-Glas füllen, das Glas verschließen und im Kühlschrank aufbewahren.

3 Für die Spaghetti grüne und gelbe Zucchini sowie die Gurke waschen. Mit einem Spiralschneider oder einem Sparschäler sehr lange feine Streifen abziehen. Die Streifen in eine Schüssel geben, mit Salz bestreuen, durchmischen und zugedeckt bei Zimmertemperatur 1 Stunde durchziehen lassen.

4 Die Gemüsestreifen in ein Sieb geben, mit kaltem Wasser abbrausen und gründlich abtropfen lassen. Die Zwiebel schälen und in dünne Ringe schneiden. Die Radieschen waschen, in dünne Scheiben und diese quer in Streifen schneiden. Die Petersilie waschen und trocken schütteln, die Blätter abzupfen.

5 Die Gemüsespaghetti mit Zwiebelringen, Radieschen, Petersilienblättern und 3–4 EL Dressing vermengen. Mit Salz und Pfeffer abschmecken. Auf Teller verteilen und jeweils mit 1 Prise schwarzem Sesam garnieren.

AUCH LECKER!

Das Dressing passt zu Rohkost und Blattsalaten aller Art oder kann als Dip zu Gemüsesticks oder Brot serviert werden.

MÖHREN-SALAT
MIT ROTER BETE UND RUCOLA

Ein Frische- und Vitaminkick gefällig? Mit diesem Salat ist das auf alle Fälle kein Problem – knackiges Gemüse und ein fruchtiges Dressing tanken uns auf mit Vitamin A, B, C und Folsäure.

Für 4 Personen // Zubereitung: 20 Minuten

8 Möhren
4 Rote Beten
4 EL Sonnenblumenkerne
Saft von 2 Blutorangen
2 EL Olivenöl
4 EL Aceto balsamico
2 EL Granatapfelsirup
Meersalz
schwarzer Pfeffer aus der Mühle
1 kleines Bund Rucola

1 Möhren sowie Rote Beten schälen und fein in eine Schüssel raspeln. Die Sonnenblumenkerne in einer Pfanne ohne Fett 2–3 Minuten rösten, herausnehmen und auf einem Teller abkühlen lassen.

2 Den Orangensaft mit Öl, Aceto balsamico und Granatapfelsirup verrühren. Das Dressing mit den Gemüseraspeln in der Schüssel vermengen. Den Salat mit Salz und Pfeffer würzen.

3 Den Rucola waschen, von den harten Stielen befreien und etwas kleiner schneiden. Eine Salatschüssel damit auslegen und die Gemüseraspel darauf verteilen. Zum Servieren mit gerösteten Sonnenblumenkernen garnieren.

KOCH-KNOW-HOW

Tragen Sie zum Schälen der Roten Beten Einweghandschuhe, da der Saft der Knollen die Haut stark färbt.

QUINOASALAT
MIT GRÜNKOHL, EDAMAME UND GOJIBEEREN

Ein kalorienarmes Kraftpaket, das sofort Energie liefert und nur so vor Proteinen und Ballaststoffen strotzt. Die süßlich-nussig schmeckenden Edamame sowie die knackig-frischen Mairübchen sind die Stars in diesem internationalen Salat.

Für 4 Personen // Zubereitung: 45 Minuten

150 g TK-Edamame (siehe Tipp)
200 g Quinoa
Salz
500 g Grünkohl
1 kleine Mairübe (oder weißer Rettich)
2 Knoblauchzehen
1 kleine rote Zwiebel
50 g Haselnussblättchen
Saft von 1 Zitrone
4 EL Olivenöl
2 EL Tahin (Sesampaste)
2 EL Sherryessig
schwarzer Pfeffer aus der Mühle
50 g getrocknete Gojibeeren

1 Die Edamame auftauen lassen. Die Quinoa unter fließendem Wasser waschen, dann in einem Topf ohne Fett unter Rühren bei mittlerer Hitze 1 Minute rösten. Mit 400 ml Wasser aufgießen, mit 1 kräftigen Prise Salz würzen und zugedeckt aufkochen. Dann die Quinoa bei schwacher Hitze etwa 15 Minuten ausquellen lassen. Den Topf vom Herd nehmen und die Quinoa abkühlen lassen, währenddessen immer wieder mit einer Gabel auflockern.

2 Inzwischen den Grünkohl waschen und verlesen, die harten Stiele und Mittelrippen entfernen. Die zarten Blätter in kochendem Salzwasser 3–4 Minuten blanchieren. In ein Sieb abgießen, mit kaltem Wasser abschrecken und abtropfen lassen.

3 Die Mairübe schälen und in dünne Streifen schneiden. Den Knoblauch schälen und fein hacken. Die Zwiebel schälen, halbieren und in feine Streifen schneiden. Die Haselnussblättchen in einer Pfanne ohne Fett rösten, bis sie duften. Herausnehmen und auf einem Teller abkühlen lassen. Zitronensaft mit Olivenöl, Tahin und Sherryessig zu einem cremigen Dressing verrühren. Mit Salz und Pfeffer würzen.

4 In einer Schüssel Edamame, Quinoa, Grünkohl, Mairübe, Knoblauch, Zwiebel und Haselnussblättchen vorsichtig mit dem Dressing vermengen. Nochmals mit Salz sowie Pfeffer abschmecken und mit den Gojibeeren auf Tellern anrichten.

SWITCH!
Anstatt Edamame können Sie die Kerne von Dicken Bohnen verwenden, dann ist der Salat auch sojafrei.

GUT ZU WISSEN

Edamame – unreif geerntete Sojabohnen – gibt es in gut sortierten Supermärkten oder asiatischen Lebensmittelgeschäften tiefgefroren sowohl als ganze Schoten wie auch als Bohnenkerne zu kaufen. Die Kerne können nach dem Auftauen direkt verzehrt werden.

BULGUR-SALAT
MIT MINZE UND PETERSILIE

Bulgur kann aufgrund seines relativ neutralen Geschmacks sowohl mit süßen als auch herzhaften Zutaten gemischt werden. In dieser Variante kommt er mit Tomaten, Zucchini und Kräutern sommerlich erfrischend daher und punktet in Sachen Nährstoffen. Einfach für den nächsten »Boxenstopp« in eine Dose oder ein Einmachglas füllen.

Für 4 Personen // Zubereitung: 30 Minuten

200 g Bulgur (siehe Tipp)
Salz
1 Bund Minze
1 Bund glatte Petersilie
4 Frühlingszwiebeln
250 g Tomaten
1 kleine Zucchini
Saft von 2 Zitronen
5 EL Olivenöl
¼ TL gemahlener Kreuzkümmel
schwarzer Pfeffer aus der Mühle
Cayennepfeffer

1 Den Bulgur in einer Schüssel mit 300 ml kochend heißem Salzwasser übergießen. Mit einem Küchentuch bedecken und etwa 15 Minuten quellen lassen.

2 Inzwischen Minze sowie Petersilie waschen und trocken schütteln, die Blätter abzupfen und fein hacken. Die Frühlingszwiebeln waschen, die Wurzelansätze entfernen. Die grünen Teile der Frühlingszwiebeln schräg in Röllchen schneiden, die weißen Teile fein hacken.

3 Die Tomaten jeweils auf der Seite ohne Stielansatz kreuzweise einritzen, überbrühen, häuten, halbieren und entkernen. Die Tomatenhälften in kleine Würfel schneiden. Die Zucchini waschen und ohne den Stielansatz in kleine Würfel schneiden.

4 Den Bulgur mit einer Gabel auflockern, dabei Zitronensaft und Olivenöl untermengen. Minze, Petersilie, Frühlingszwiebeln, Tomaten und Zucchini untermischen. Den Kreuzkümmel untermengen und den Salat mit Salz, Pfeffer sowie Cayennepfeffer abschmecken.

GUT ZU WISSEN

Bulgur ist eine Grundzutat in der orientalischen Küche. Dabei handelt es sich um Hartweizen, der vorgegart, getrocknet und fein bis grob geschrotet wird und deshalb später nur noch in Wasser quellen muss. Neben orientalischen Lebensmittelgeschäften und Bioläden hat mittlerweile auch jeder größere Supermarkt Bulgur im Sortiment.

GLUTENFREI SOJAFREI

BLUMENKOHL-SALAT
MIT OLIVEN

Blumenkohl und Paprika sind nicht nur im Geschmack ein starkes Duo, sondern auch den Vitamin-C-Gehalt betreffend. Durch Kapern, Oliven und Basilikum bekommt der Salat eine mediterrane Note.

Für 4 Personen (als Vorspeise) // Zubereitung: 40 Minuten

1 Blumenkohl
1 kleine, milde rote Chilischote
1 rote Zwiebel
1 Knoblauchzehe
Salz
4 EL Olivenöl
2 rote Paprikaschoten
1 kleines Bund Basilikum
2 EL Balsamico bianco
50 g eingelegte Kapern
(aus dem Glas), abgetropft
je 100 g schwarze und grüne Oliven
(ohne Stein)
schwarzer Pfeffer aus der Mühle

1 Den Blumenkohl von Blättern und Strunk befreien, in Röschen teilen und waschen. Die Chilischote längs halbieren, entkernen, waschen und fein würfeln. Zwiebel sowie Knoblauch schälen und in feine Streifen schneiden.

2 Die Blumenkohlröschen mit den Stielen nach oben in einem Topf verteilen und mit Salz bestreuen. Zwiebel- und Knoblauchstreifen sowie Chiliwürfel daraufstreuen. Seitlich am Topfrand 250 ml kaltes Wasser angießen und die Zutaten mit 2 EL Olivenöl beträufeln. Das Gemüse bei mittlerer Hitze zugedeckt etwa 20 Minuten dünsten. Das gegarte Gemüse in eine Schüssel umfüllen und kurz abkühlen lassen.

3 Inzwischen die Paprikaschoten längs halbieren, entkernen, waschen und in feine Streifen schneiden. Das Basilikum waschen und trocken schütteln, die Blätter abzupfen und in Streifen schneiden. Das restliche Olivenöl (2 EL) mit dem Essig verrühren.

4 Die Essig-Öl-Mischung über den Blumenkohl träufeln. Paprikastreifen, Basilikum, Kapern sowie die grünen und schwarzen Oliven hinzufügen und alles locker vermengen. Den Salat mit grob gemahlenem Pfeffer würzen und mit Salz abschmecken.

KOCH-KNOW-HOW

Bereiten Sie den Salat am Vortag zu und lassen Sie ihn über Nacht im Kühlschrank durchziehen – so verbinden sich die Aromen der Zutaten besonders gut.

TEMPEH
GRIECHISCH EINGEWICKELT

Asien- trifft Mittelmeerküche: Knusprig gebratenes Tempeh wird mit Dill, Oregano, Joghurt und Gurken nach griechischer Art zubereitet und in Tortillafladen gewickelt – das schmeckt köstlich von der Hand in den Mund.

Für 4 Personen // Zubereitung: 30 Minuten + 2 Stunden Abtropfen

250 g Sojajoghurt
½ Salatgurke
2 Knoblauchzehen
1 TL getrockneter Oregano
4 EL Olivenöl
Salz
schwarzer Pfeffer aus der Mühle
1 kleine rote Zwiebel
200 g Eisbergsalat
4 Tomaten
4 Tortillafladen (Fertigprodukt)
500 g Tempeh (aus dem Asien- oder Bioladen)

1 Ein feines Sieb mit einem Küchentuch auslegen und in eine Schüssel hängen. Den Sojajoghurt hineingeben und etwa 2 Stunden abtropfen lassen, bis er eine etwas dickere Konsistenz hat.

2 Die Gurke schälen, längs halbieren, entkernen und auf einer Küchenreibe fein raspseln. Die Raspel in einem Sieb mit den Händen fest ausdrücken.

3 Den Sojajoghurt in eine Schüssel umfüllen. Den Knoblauch schälen und durch eine Knoblauchpresse dazudrücken. Gurkenraspel, Oregano und 1 EL Olivenöl hinzufügen und alles verrühren. Mit Salz und Pfeffer würzen.

4 Den Backofen auf 150 °C mit Grillstufe vorheizen. Die Zwiebel schälen, halbieren und in feine Streifen schneiden. Den Salat waschen, abtropfen lassen und ohne den harten Strunk in feine Streifen schneiden. Die Tomaten waschen und vierteln, die Stielansätze herausschneiden. Die Tortillafladen im Ofen auf der mittleren Schiene etwa 8 Minuten erwärmen.

5 Das Tempeh in mundgerechte Stücke schneiden. Das restliche Olivenöl (3 EL) erhitzen und die Tempehstücke darin von allen Seiten kross braten.

6 Die Tortillafladen auf eine Arbeitsfläche legen. Tempeh, Zwiebel, Salat und Tomaten darauf verteilen und mit dem Joghurt überziehen. Dann die Fladen aufrollen.

SERVIER-TIPP

Umwickeln Sie ein Ende der
aufgerollten Fladen jeweils mit
einem Stück Alufolie oder Butter-
brotpapier. So lassen sich die Fladen
zum Essen gut festhalten oder
auch problemlos als Pausen-
snack mitnehmen.

SWITCH!

Wer keinen Chiliketchup zur Hand hat oder wegen der kleinen Menge keinen kaufen möchte, verrührt einfach Tomatenketchup mit 1 fein gehackten roten Chilischote. Falls möglich ein paar Stunden durchziehen lassen, damit sich die Schärfe entfalten kann.

VEGGIE-CIABATTA
MIT RIESEN-CHAMPIGNONS

Große Champignons sind von einer festen Konsistenz und geben entsprechend gewürzt und gegart einen herzhaften Umami-Geschmack. Umami ist neben süß, sauer, salzig und bitter die fünfte Geschmacksrichtung, die einen »vollmundigen« Geschmack beschreibt, der durch Glutaminsäure hervorgerufen wird.

Für 4 Personen // Zubereitung: 1 Stunde

2 Knoblauchzehen
1 Schalotte
100 ml Olivenöl
1 EL Aceto balsamico
4 Riesenchampignons
1 kleines Bund glatte Petersilie
100 g vegane Mayonnaise (sojafrei)
2 EL Chiliketchup (siehe Tipp)
2 EL Orangensaft
Salz
schwarzer Pfeffer aus der Mühle
½ Bio-Salatgurke
1 große Möhre
200 g weißer Rettich (oder Teltower Rübchen)
4 Ciabatta-Brötchen

1 Knoblauch sowie Schalotte schälen und fein würfeln. Mit Öl und Essig verrühren. Die Champignons mit einem Küchentuch abreiben, die Stiele kappen und mit den Hüten nach unten nebeneinander in eine große Pfanne legen. Gleichmäßig mit der Ölmischung beträufeln und etwa 30 Minuten ruhen lassen.

2 Inzwischen die Petersilie waschen und trocken schütteln, die Blätter abzupfen. Die Hälfte der Blätter beiseitestellen, die restlichen Blätter fein hacken. Die Mayonnaise mit Ketchup, Orangensaft und gehackter Petersilie verrühren. Die Sauce mit Salz und Pfeffer würzen.

3 Die Gurke waschen, trocken reiben und mitsamt der Schale in dünne Scheiben schneiden. Die Möhre und den Rettich schälen und mit einem Spiralschneider in Streifen schneiden. Den Backofen auf 100 °C vorheizen. Die Brötchen quer halbieren und im Ofen erwärmen.

4 Die Pfanne mit den Champignons stark erhitzen und die Pilze auf jeder Seite 5 Minuten braten. Herausnehmen und auf Küchenpapier abtropfen lassen.

5 Die Brötchenunterhälften jeweils mit etwas Sauce bestreichen. Gurken und beiseitegestellte Petersilienblätter darauf verteilen. Je 1 Champignon daraufgeben, mit Möhren- und Rettichstreifen belegen und mit Salz sowie Pfeffer würzen. Die Brötchenoberhälften darauflegen.

PROTEINREICH

ASIA-DOPPEL-
DECKER
MIT LUPINENFILETS

Produkte aus den Samen der bei uns angebauten Süßlupine brauchen sich vor der asiatischen Konkurrenz aus Sojabohnen wahrlich nicht zu verstecken. Sie sind eine ebenso wertvolle Eiweißquelle, gut verträglich und ebenso vielfältig verwendbar wie Tofu & Co.

Für 4 Personen // Zubereitung: 20 Minuten

50 g Sesamsamen
2 EL helle Sojasauce
1 großes Salatherz (z. B. Romanasalat)
8 Radieschen
1 Stück Ingwer (etwa 5 cm)
2 Lupinenfilets (400 g)
2 EL neutrales Pflanzenöl
1 EL Reisessig
1 EL süße Chilisauce
1 TL Sesamöl
4 längliche Roggenbrötchen
schwarzer Pfeffer aus der Mühle

1 Die Sesamsamen in einer Pfanne ohne Fett rösten, bis sie duften. In einer Schüssel abkühlen lassen und dann die Sojasauce untermischen.

2 Das Salatherz in einzelne Blätter teilen. Die Blätter waschen, trocken schleudern und in Streifen schneiden. Die Radieschen waschen und in feine Scheiben schneiden. Den Ingwer schälen und fein hacken. Die Lupinenfilets quer halbieren.

3 Das Pflanzenöl in einer Pfanne erhitzen und die Lupinenfilets darin auf jeder Seite 2–3 Minuten braten. Kurz auf Küchenpapier abtropfen lassen, dann auf einem Teller mit der Sesammischung beträufeln.

4 Den Reisessig mit Chilisauce, Sesamöl sowie Ingwer verrühren und mit den Salatstreifen vermischen. Die Brötchen quer halbieren. Auf die Unterhälften jeweils 1 Lupinenfilet legen, die Salatstreifen sowie die Radieschen darauf verteilen und alles mit Pfeffer würzen. Die Brötchenoberhälften darauflegen.

SWITCH!

Kein Lupinenfilet bekommen, aber trotzdem Lust auf den Doppeldecker? Verwenden Sie dann einfach Tempeh oder ein gewürztes Tofuprodukt, je nachdem, was Sie im Handel finden.

GEMÜSEGERICHTE

OFEN-KARTOFFELN
MIT APFEL-ZWIEBELN

Die »Apotheke der Natur« offeriert unserem Körper mit ihren Pflanzen viele natürliche Abwehrstoffe – und so stärkt insbesondere die vegane Ernährung das Immunsystem. Zwiebeln sind dabei richtige Allrounder: Sie wirken antibakteriell und helfen unter anderem bei Atemwegserkrankungen.

Für 4 Personen // Zubereitung: 1 Stunde

800 g festkochende Kartoffeln
2 Knoblauchzehen
2 EL Olivenöl
Meersalz
schwarzer Pfeffer aus der Mühle
400 g rote Zwiebeln
2 EL neutrales Pflanzenöl
6–7 EL Apfelsaft (oder Cidre)
2 Gewürznelken
2 EL Kokosblütenzucker
2 EL Apfelessig

1 Den Backofen auf 180 °C vorheizen. Ein Backblech mit Alufolie auslegen. Die Kartoffeln waschen, längs halbieren und nebeneinander auf dem Backblech verteilen. Den Knoblauch schälen, durch eine Knoblauchpresse drücken und mit dem Olivenöl verrühren.

2 Die Kartoffelhälften mit Knoblauchöl beträufeln oder bepinseln. Mit Salz und Pfeffer würzen und im Ofen auf der mittleren Schiene etwa 35 Minuten goldgelb backen, zwischendurch wenden.

3 Inzwischen die Zwiebeln schälen, halbieren und in Streifen schneiden. Das Pflanzenöl in einer großen Pfanne erhitzen und die Zwiebelstreifen darin bei mittlerer Hitze 5 Minuten anbraten. Apfelsaft und Nelken hinzufügen und alles unter gelegentlichem Rühren 5–8 Minuten weitergaren. Die Zwiebeln mit dem Zucker bestreuen und diesen schmelzen lassen. Den Apfelessig draufträufeln und bei schwacher Hitze 5 Minuten weiterköcheln lassen. Mit Salz und Pfeffer würzen.

4 Die gebackenen Kartoffeln aus dem Ofen nehmen und vorsichtig mit den Zwiebeln in der Pfanne vermengen. Auf Teller verteilen und sofort servieren.

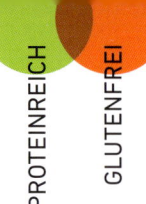

GRÜNER SPARGEL
MIT TOFU-SESAM-DIP

Sesamsamen sind vollgepackt mit gesunden Fettsäuren und passen mit ihrem leicht nussigen Geschmack wunderbar zu gegrilltem grünem Spargel. Besonders saftig wird das Ganze dann durch einen dazu servierten Dip aus weichem Seidentofu.

Für 4 Personen // Zubereitung: 30 Minuten + 2 Stunden Abtropfen

250 g Seidentofu
50 g Sesamsamen
1 kg grüner Spargel
4 EL helles Sesamöl
Meersalz
grob gemahlener schwarzer Pfeffer
1 TL Tamari (glutenfreie Sojasauce; aus dem Asien- oder Bioladen)
1 TL Walnussöl

1 Ein Sieb mit einem Küchentuch auslegen und in eine Schüssel hängen. Den Tofu hineingeben, mit den Rändern des Küchentuchs bedecken, mit einer Konservendose beschweren und 2 Stunden abtropfen lassen.

2 Die Sesamsamen in einer Pfanne ohne Fett rösten, bis sie duften. Die Samen auf einem Teller abkühlen lassen und anschließend im Mörser grob zerreiben.

3 Den Backofen auf 200 °C mit Grillstufe vorheizen. Ein Backblech mit Backpapier auslegen. Den Spargel waschen und im unteren Drittel schälen, die holzigen Enden abschneiden. Die Spargelstangen in einer Schüssel mit 2 EL Sesamöl vermengen und mit Salz sowie Pfeffer würzen. Auf dem Backpapier verteilen und im Ofen auf der mittleren Schiene 8–10 Minuten grillen.

4 Währenddessen den Tofu im Tuch nochmals fest ausdrücken und in einer Schüssel mit zwei Drittel der Sesamsamen, restlichem Sesamöl (2 EL) sowie Tamari kräftig verrühren. Den Tofu-Sesam-Dip in vier Schälchen füllen.

5 Die gegrillten Spargelstangen aus dem Ofen nehmen und auf dem Backpapier mit dem restlichen Sesam sowie dem Walnussöl vermischen. Den Spargel auf vier Teller verteilen und jeweils zusammen mit einem Dipschälchen servieren.

RAFFINIERT WÜRZEN

Den Tofu-Sesam-Dip nach Belieben mit etwas Zucker und Chiliflocken variieren.

SERVIER-TIPP

Die gegrillten Spargelstangen in kleine Stücke schneiden, mit Reiswein beträufeln und portionsweise mit Tofu-Dip garnieren.

GESCHMORTER RADICCHIO
MIT PINIENKERNEN UND ROSINEN

Radicchio gilt von jeher als Hausmittel bei unruhigem Magen. Grund dafür ist der enthaltene Bitterstoff Lactucopikrin, der die Gallensaftproduktion anregt und so die Verdauung fördert. Mit 13 Kilokalorien pro 100 Gramm ist das Gemüse zudem so schlank, dass das eine oder andere Tröpfchen Olivenöl nicht schadet.

Für 4 Personen // Zubereitung: 20 Minuten + 20 Minuten Schmoren

3 EL Olivenöl
3–4 Radicchio (etwa 800 g)
50 g Pinienkerne
2 Schalotten
2 Knoblauchzehen
50 ml süßer veganer Rotwein (oder roter Traubensaft)
½ TL getrockneter Thymian
1 EL Ahornsirup
50 g Rosinen
Salz
schwarzer Pfeffer aus der Mühle

1 Den Backofen auf 180 °C vorheizen. Eine ofenfeste Form mit 1 EL Öl ausfetten. Den Radicchio je nach Größe längs vierteln oder halbieren beziehungsweise nach Belieben auch in Stücke zupfen, waschen und abtropfen lassen. Die Pinienkerne in einer Pfanne ohne Fett 1–2 Minuten rösten, bis sie duften. Die Radicchiostücke mit den Pinienkernen in der Form verteilen.

2 Schalotten sowie Knoblauch schälen und fein würfeln. Das restliche Öl (2 EL) in einer Pfanne erhitzen und Schalotten- sowie Knoblauchwürfel darin 2 Minuten anbraten. Mit Wein ablöschen und kurz einkochen lassen. Thymian, Ahornsirup sowie Rosinen unterrühren und alles mit Salz und Pfeffer würzen.

3 Den Radicchio mit der Schalottenmischung aus der Pfanne beträufeln und im Ofen auf der mittleren Schiene etwa 20 Minuten schmoren.

GEGRILLTE
MAISKOLBEN
MIT INGWER-MIX

Frisch, knackig und knusprig aus dem Backofen oder vom Grill schreien die Maiskolben förmlich nach einer gewürz- und ölhaltigen Marinade. Damit die Kolben beim Essen gut in der Hand liegen, am besten spezielle Maiskolbenhalter in die Seiten stecken.

Für 4 Personen // Zubereitung: 35 Minuten

8 frische Zuckermaiskolben
Salz
1 Stück Ingwer (etwa 5 cm)
1 kleine getrocknete Chilischote
1 EL Rohrohrzucker
150 ml Tamari (glutenfreie Sojasauce; aus dem Asien- oder Bioladen)
2 EL Maiskeimöl (ersatzweise anderes Öl)
Kräutersalz
schwarzer Pfeffer aus der Mühle
1 kleines Bund Koriandergrün

1 Die Hüllblätter von den Maiskolben entfernen. Die Kolben zugedeckt in kochendem Salzwasser bei mittlerer Hitze etwa 15 Minuten weich garen.

2 Inzwischen den Ingwer schälen und fein reiben. Die Chilischote zwischen den Fingern grob zerreiben, dabei den Stielansatz entfernen. Ingwer mit Chili, Zucker und Tamari in einem kleinen Topf verrühren und aufkochen lassen. Dann bei mittlerer Hitze unter gelegentlichem Rühren 10 Minuten köcheln lassen, bis die Sauce auf etwa die Hälfte einreduziert ist. Den Topf von der Herdplatte nehmen. Den Backofen auf 200 °C mit Grillstufe vorheizen.

3 Die Maiskolben abgießen, kurz ausdampfen lassen, auf das Backblech legen und mit dem Öl beträufeln. Mit Kräutersalz und Pfeffer würzen. Die Kolben im Ofen auf der mittleren Schiene etwa 10 Minuten grillen, währenddessen ein- bis zweimal wenden.

4 Inzwischen den Koriander waschen und trocken schütteln. Die Blätter abzupfen, fein hacken und unter die Marinade im Topf rühren. Die Maiskolben aus dem Ofen nehmen und rundum mit der Marinade bestreichen. Je 2 Maiskolben auf einem Teller anrichten und sofort servieren.

SWITCH!

Frischer Mais hat einfach ein unvergleichliches Aroma. Doch ersatzweise oder außerhalb der Saison können Sie auch vorgegarte Maiskolben verwenden, die es in Folie eingeschweißt in der Gemüseabteilung zu kaufen gibt. Das Garen im Salzwasser entfällt dann.

GLUTENFREI SOJAFREI

CURRY-BLUMENKOHL
MIT GETROCKNETEN TOMATEN

Ein bisschen exotisch mit Curry und Senfkörnern und ein bisschen mediterran mit Tomaten, Schalotten und Petersilie – so kommt der brave Blumenkohl einmal ganz groß raus. Fusion-Küche vom Feinsten!

Für 4 Personen // Zubereitung: 40 Minuten

1 Blumenkohl (etwa 1,2 kg)
Salz
50 g getrocknete Tomaten (in Öl)
2 Schalotten
4 EL Olivenöl
1 kräftige Prise Kokosblütenzucker (oder Rohrohrzucker)
1 TL Currypulver
½ TL schwarze Senfkörner
1 EL gehackte Petersilie
schwarzer Pfeffer aus der Mühle

1 Den Blumenkohl von den äußeren Blättern sowie dem Strunk befreien und in Röschen teilen. Die Blumenkohlröschen waschen und in kochendem Salzwasser 1 Minute blanchieren. In ein Sieb abgießen, mit kaltem Wasser abschrecken und abtropfen lassen.

2 Den Backofen auf 180 °C vorheizen. Die Tomaten mit Küchenpapier trocken tupfen und sehr klein schneiden. Die Schalotten schälen und fein würfeln.

3 In einer Pfanne 2 EL Öl erhitzen und die Schalottenwürfel darin 2 Minuten anbraten. Den Zucker daraufstreuen und schmelzen lassen. Das Currypulver sowie die Senfkörner unterrühren. Tomaten und Petersilie dazugeben.

4 Den Boden einer ofenfesten Form mit 1 EL Öl einfetten. Die Blumenkohlröschen in der Form verteilen und mit Salz und Pfeffer würzen.

5 Das restliche Öl (1 EL) und die Schalottenmischung aus der Pfanne gleichmäßig auf dem Blumenkohl verteilen und diesen im Ofen auf der mittleren Schiene 10–15 Minuten garen. Die Blumenkohlröschen zwischendurch mit einem Löffel wenden, damit sie an der Oberfläche nicht austrocknen. Schmeckt pur oder mit Reis serviert.

KOCH-KNOW-HOW

Getrocknete Tomaten können
Sie leicht selbst einlegen: Dazu die
Tomaten zunächst 1–2 Stunden in
Wasser einweichen. Anschließend
gut trocken tupfen und in einem
Twist-off-Glas mit Olivenöl
bedecken.

GEBACKENE AUBERGINEN
IM TOMATENTOPF

Arabisch gewürzt mit Kreuzkümmel, Kardamom, Chili und Olivenöl – welch ein Fest für die Tomaten. Die Auberginen sind in diesem Schmortopf besonders aromatisch, denn sie werden vorher gegrillt.

Für 4 Personen // Zubereitung: 50 Minuten

4 Auberginen
2 EL Pinienkerne
500 g Tomaten
1 kleines Bund Petersilie
½ kleines Bund Minze
je 1 grüne und rote Chilischote
2 Zwiebeln
4 Knoblauchzehen
4 schwarze Kardamomkapseln
3 EL Olivenöl
1 EL Tomatenmark
1 TL gemahlener Kreuzkümmel
1 Prise rosenscharfes Paprikapulver
1 kräftige Prise edelsüßes Paprikapulver
Salz
schwarzer Pfeffer aus der Mühle
500 ml glutenfreie Gemüsebrühe

1 Den Backofen auf 200 °C vorheizen. Ein Backblech mit Alufolie auslegen. Die Auberginen waschen, rundherum mit einer Gabel einstechen, auf die Alufolie legen und im Ofen auf der mittleren Schiene 35–40 Minuten garen. Währenddessen ein- bis zweimal wenden.

2 Inzwischen die Pinienkerne in einer Pfanne ohne Fett etwa 1 Minute rösten. Herausnehmen und auf einem Teller abkühlen lassen. Die Tomaten jeweils auf der Seite ohne Stielansatz kreuzweise einritzen, mit kochendem heißem Wasser überbrühen, häuten, halbieren und entkernen. Die Hälften in kleine Würfel schneiden. Die Petersilie sowie die Minze waschen und trocken schütteln, die Blätter abzupfen und fein hacken. Die Chilischoten längs halbieren, entkernen, waschen und klein würfeln. Zwiebeln und Knoblauch schälen und fein hacken. Kardamomkapseln aufbrechen und die Samen herauslösen.

3 Die Auberginen aus dem Ofen nehmen und kurz abkühlen lassen. Das Öl in einem weiten Topf erhitzen und Zwiebeln, Knoblauch sowie Chili darin 1 Minute anbraten. Das Tomatenmark dazugeben und kurz mitrösten. Tomatenstücke, Kreuzkümmel, Kardamomsamen und beide Sorten Paprikapulver hinzufügen. Mit Salz und Pfeffer würzen. Die Brühe angießen und alles unter Rühren kurz aufkochen lassen. Die Hitze reduzieren und Petersilie sowie Minze unterrühren.

4 Die Auberginen längs einschneiden und in den Topf legen, sodass der Tomatensud in die Einschnitte laufen kann. Nochmals 5 Minuten garen, mit Salz und Pfeffer abschmecken und mit den gerösteten Pinienkernen bestreuen.

GRATINIERTE ZUCCHINI-HÄLFTEN
MIT REIS

Unter einer goldgelben Kruste versteckt sich eine feine Mischung aus Reis, Zucchini, Kräutern und Gewürzen. Zucchini liefern wertvolles Kalium und Magnesium, Inhaltsstoffe die für Nerven und Muskeln eine wichtige Rolle spielen. Wer möchte, reicht noch einen grünen Salat dazu.

Für 4 Personen // Zubereitung: 30 Minuten + 30 Minuten Backen

150 g Langkornreis
(am besten Vollkornreis)
Salz
3 Frühlingszwiebeln
2 Knoblauchzehen
4 Zucchini
2 EL Olivenöl
schwarzer Pfeffer aus der Mühle
½ Bund Petersilie
5 Zweige Oregano
100 g veganer Streukäse
(Pizzaschmelz)
2–3 EL glutenfreie Gemüsebrühe

1 Den Reis in kochendem Salzwasser etwa 18 Minuten garen (siehe Tipp). Inzwischen die Frühlingszwiebeln waschen und ohne die Wurzelansätze klein schneiden. Den Knoblauch schälen und fein würfeln. Die Zucchini waschen, längs halbieren und das Fruchtfleisch mit einem Löffel bis auf einen 0,5 cm breiten Rand herauslösen. Die Hälfte des Zucchinifruchtfleischs klein hacken.

2 Den Backofen auf 200 °C vorheizen. Eine große ofenfeste Form mit 1 EL Öl auspinseln. Restliches Öl (1 EL) in einer Pfanne erhitzen und Frühlingszwiebeln, Zucchinifruchtfleisch und Knoblauch etwa 5 Minuten darin braten. Mit Salz und Pfeffer würzen.

3 Den Reis in ein Sieb abgießen und abtropfen lassen. Die Petersilie sowie den Oregano waschen und trocken schütteln, die Blätter abzupfen und fein hacken. Reis, Zucchinimischung, 50 g Streukäse und die gehackten Kräuter in einer Schüssel vermengen. Mit Salz und Pfeffer würzen.

4 Die Zucchinihälften nebeneinander in die Form legen. Die Reismischung gleichmäßig in die Hälften verteilen, mit Brühe beträufeln und den restlichen Streukäse (50 g) darauf verteilen. Die Zucchini im Ofen auf der mittleren Schiene etwa 30 Minuten überbacken.

KOCH-KNOW-HOW

Falls Sie Vollkornreis verwenden: Dieser hat eine längere Garzeit als weißer Langkornreis. Richten Sie sich dann einfach nach der Angabe auf der Reispackung.

MEDITERRANES OFENGEMÜSE

Falls von diesem leckeren Gemüsegericht etwas übrig bleiben sollte, schmeckt es am nächsten und übernächsten Tag auch kalt als Antipasti sehr gut.

Für 4 Personen // Zubereitung: 30 Minuten + 30 Minuten Schmoren

1 Aubergine (etwa 300 g)
2–3 Zucchini (etwa 500 g)
2 Frühlingszwiebeln
je 1 rote und gelbe Paprikaschote
8 kleine Strauchtomaten
4 Knoblauchzehen
5 EL Olivenöl
1 EL getrocknete Kräuter der Provence
1 Prise gemahlener Kreuzkümmel
Meersalz
schwarzer Pfeffer aus der Mühle
1 EL Kerbelblätter (nach Belieben)

1 Den Backofen auf 200 °C vorheizen. Aubergine und Zucchini waschen und ohne die Stielansätze in etwa 1,5 cm große Würfel schneiden. Die Frühlingszwiebeln waschen und ohne die Wurzelansätze in feine Ringe schneiden. Die Paprikaschoten längs halbieren, entkernen, waschen und in mundgerechte Stücke schneiden. Die Tomaten waschen und an der Seite ohne Stielansatz kreuzweise einritzen.

2 Den Knoblauch schälen und durch eine Knoblauchpresse zum Öl drücken. Kräuter der Provence und Kreuzkümmel unter das Öl rühren.

3 Das vorbereitete Gemüse in einer flachen ofenfesten Form vermengen. Mit Salz sowie Pfeffer würzen, mit dem Knoblauchöl beträufeln und mit Alufolie abdecken.

4 Das Gemüse im Ofen auf der mittleren Schiene etwa 30 Minuten schmoren. Aus dem Ofen nehmen, nach Belieben Kerbelblätter untermischen und sofort servieren. Dazu passt frisches Baguette.

RAFFINIERT WÜRZEN

Das Würzöl für das Gemüse können Sie beliebig variieren. Mit etwas abgeriebener Bio-Zitronenschale erhält es zum Beispiel eine frische Zitrusnote, mit gehackter Chilischote eine leichte Schärfe.

SÜSS-KARTOFFEL-PLÄTZCHEN

Möhren und Süßkartoffeln sind ein echtes Dream-Team, vor allem wenn sie mit Orange, Kokos und Chili fruchtig-scharf abgeschmeckt und als knusprig gebratene Taler daherkommen. Bei Tisch werden sie dann noch mit frischem Limettensaft beträufelt.

Für 4 Personen (12 Stück) // Zubereitung: 1 Stunde

1 große Süßkartoffel (etwa 400 g)
2 Möhren (etwa 200 g)
Salz
1 Stück Ingwer (etwa 4 cm)
½ kleine rote Chilischote
100 g Fenchelknolle
1 EL Olivenöl
½ TL abgeriebene Bio-Orangenschale
1 Msp. Currypulver
schwarzer Pfeffer aus der Mühle
veganes Paniermehl zum Wenden
(am besten aus Vollkorn)
etwa 100 g Kokosraspel
neutrales Pflanzenöl zum Braten
1 Bio-Limette zum Servieren

1 Süßkartoffel und Möhren schälen, in kleine Stücke schneiden und in einem Topf mit Salzwasser bedecken. Zugedeckt bei schwacher Hitze in etwa 15 Minuten gar kochen.

2 Inzwischen den Ingwer schälen und fein würfeln. Die Chilischote längs halbieren, entkernen, waschen und fein würfeln. Den Fenchel waschen und ohne den harten Strunk in kleine Würfel schneiden. Das Olivenöl in einer Pfanne erhitzen und Ingwer, Chili und Fenchel darin 2 Minuten braten. Die Pfanne von der Herdplatte nehmen und die Fenchelmischung abkühlen lassen.

3 Das Süßkartoffel-Möhren-Gemüse in ein Sieb abgießen, gut abtropfen und ausdampfen lassen. In einer Schüssel mit dem Kartoffelstampfer grob bis fein zerstampfen oder mit dem Stabmixer zerkleinern. Fenchelmischung, Orangenschale und Currypulver untermengen. Die Mischung mit Salz sowie Pfeffer würzen und abkühlen lassen.

4 Das Paniermehl auf einen Teller geben. So viele Kokosraspel unter die Gemüsemischung mengen, dass ein formbarer Teig entsteht. Den Teig in 12 Portionen teilen. Jede Portion mit befeuchteten Händen zu einer Kugel formen, diese flach drücken und im Paniermehl wenden.

5 In einer großen Pfanne etwas Pflanzenöl erhitzen und die Süßkartoffel-Möhren-Plätzchen darin portionsweise auf beiden Seiten 3–4 Minuten knusprig und goldgelb backen. Die Limette heiß waschen, trocken reiben und in Spalten schneiden. Die Süßkartoffel-Möhren-Plätzchen auf Teller verteilen und die Limettenspalten dazu reichen. Dazu passt ein Feldsalat mit Roter Bete.

SERVIER-TIPP

Sollte von der Fenchelknolle noch etwas übrig sein, diese in Streifen schneiden und mit 2 EL Orangensaft sowie 1 EL Olivenöl vermengen. Mit Salz und Pfeffer würzen und mit gehacktem Fenchelkraut vermischen.

BUDDHAS KÖSTLICH- KEITEN

Frisches Gemüse und Tofu werden nur kurz im Wok gegart und mit den Saucenzutaten vermischt – so macht Pflanzenküche nur wenig Arbeit und umso mehr Spaß. Für eine glutenfreie Variante des Rezeptes bei Gemüsebrühe, Soja- und Hosinsauce auf glutenfreie Produkte achten.

Für 4 Personen // Zubereitung: 35 Minuten

2 EL getrocknete Mischpilze
250 g Brokkoliröschen
250 g Zuckerschoten
Salz
2 Schalotten
2 Knoblauchzehen
1 Stück Galgant (etwa 3 cm)
1 rote Paprikaschote
250 g Tofu (am besten Erdnuss- oder Haselnusstofu)
3 EL Erdnussöl
schwarzer Pfeffer aus der Mühle
200 ml Gemüsebrühe
1 EL Ahornsirup
2 EL Sojasauce
1 EL Hoisinsauce (siehe Tipp)

1 Die Pilze in einer Schüssel mit heißem Wasser übergießen und etwa 15 Minuten einweichen. Inzwischen den Brokkoli waschen. Die Zuckerschoten waschen und falls nötig entfädeln, die Enden abschneiden. Brokkoli und Zuckerschoten nacheinander jeweils 1 Minute in kochendem Salzwasser blanchieren, in ein Sieb abgießen, mit kaltem Wasser abschrecken und abtropfen lassen. Die Zuckerschoten je nach Größe quer halbieren. Schalotten, Knoblauch sowie den Galgant schälen und fein würfeln. Die Paprikaschote längs halbieren, entkernen, waschen und in Streifen schneiden.

2 Den Tofu in 1 cm große Würfel schneiden. Im Wok oder einer großen Pfanne 1 EL Öl erhitzen und die Tofuwürfel darin 1–2 Minuten rundum leicht braun braten. Mit Salz und Pfeffer würzen, herausnehmen und auf einem Teller beiseitestellen.

3 Die Pilze in einem Sieb ausdrücken, dabei die Einweichflüssigkeit auffangen. Die Pilze etwas kleiner schneiden. Restliches Öl (2 EL) in den Wok geben. Pilze, Schalotten, Knoblauch und Galgant darin unter Rühren anbraten. Paprikastreifen, Brokkoli und Zuckerschoten untermischen und 5–10 Minuten braten.

4 Den Wokinhalt mit 2 EL von der aufgefangenen Einweichflüssigkeit der Pilze beträufeln und die Flüssigkeit etwas verdampfen lassen. Brühe, Ahornsirup, Soja- und Hoisinsauce unterrühren. Die Tofuwürfel untermengen. Alles nochmals mit Salz und Pfeffer abschmecken und sofort servieren.

RAFFINIERT WÜRZEN

Die asiatische Hoisinsauce ist mit ihren Bestandteilen wie fermentierten Sojabohnen, Knoblauch, Essig und Chilis ideal zum Würzen – nach Belieben können Sie auch etwas mehr verwenden.

SWITCH!

Anstatt Hirse können Sie Quinoa oder einfach mehr Weißbrot verwenden. Zusätzlich kann die Füllung außerdem mit gerösteten Pinienkernen, Mandeln oder Walnüssen variiert werden.

PEPERONI
MIT HIRSE-BROT-FÜLLUNG

Als guter Eisenlieferant ist Hirse für Veganer fast schon ein Muss auf dem Speiseplan, zum Beispiel als Füllung in Peperoni. Der mediterrane Snack aus der Pfanne ist mit seinem leicht nussig-würzigen Geschmack ein echter Leckerbissen!

Für 4 Personen (als Vorspeise) // Zubereitung: 30 Minuten + 20 Minuten Backen

100 g Hirse
Salz
1 kleines Bund Oregano
2 Frühlingszwiebeln (nur der weiße Teil)
100 g Vollkorntoastbrot
3-4 EL Olivenöl
schwarzer Pfeffer aus der Mühle
12 kleine milde rote Peperoni
50 g eingelegte Kapern (aus dem Glas), abgetropft
Cayennepfeffer

1 Die Hirse in einem Sieb kalt abbrausen, in einem Topf mit knapp 400 ml Wasser bedecken und leicht salzen. Einmal aufkochen, dann die Hirse zugedeckt bei mittlerer Hitze etwa 10 Minuten gar köcheln lassen.

2 Inzwischen den Oregano waschen und trocken schütteln, die Blätter abzupfen und in feine Streifen schneiden. Die Frühlingszwiebeln waschen und ohne die Wurzelansätze fein würfeln. Das Brot in kleine Würfel schneiden. 1 EL Öl in einer Pfanne erhitzen und die Brotwürfel darin rundum knusprig und goldgelb braten. Mit Salz und Pfeffer würzen und auf einem Schneidebrett abkühlen lassen.

3 Die Hirse vom Herd nehmen und leicht abkühlen lassen. Die Peperoni waschen, von den Stielansätzen befreien und entkernen. Den Backofen auf 200 °C vorheizen.

4 Die Brotwürfel grob zerkleinern und mit Hirse, Oregano, Kapern, Frühlingszwiebeln und 1–2 EL Öl vermischen. Die Brotmischung mit Salz, Pfeffer sowie Cayennepfeffer würzen und mit einem Teelöffel in die Peperoni füllen.

5 Etwa 1 EL Öl in eine ofenfeste Pfanne oder Form träufeln. Die Peperoni nebeneinander in die Form legen, mit dem restlichen Öl (etwa 1 EL) bestreichen und im Ofen auf der mittleren Schiene etwa 20 Minuten knusprig backen.

OFENTOMATEN
MIT GRAUPEN UND KRÄUTERN

Große Tomaten laden regelrecht dazu ein, sie zu füllen und im Ofen zu garen. Das pikante Innenleben aus kernigen Graupen, Gemüse und Kräutern harmoniert ganz wunderbar mit der fruchtigen Tomatenhülle.

Für 6 Personen // Zubereitung: 40 Minuten + 20 Minuten Backen

¼ Bund Suppengemüse
(Möhre, Sellerie, Lauch)
1 Zwiebel
1 Knoblauchzehe
4 EL Weizenkeimöl
250 g Perlgraupen
Salz
schwarzer Pfeffer aus der Mühle
2–3 EL veganer trockener Weißwein
(ersatzweise weißer Balsamico-Essig)
500 ml Gemüsebrühe
1 kleines Bund gemischte Kräuter
(z. B. Petersilie, Schnittlauch, Thymian, Oregano)
6 große Fleischtomaten
1 EL Hefeflocken
1 EL gemahlene Mandeln
1 EL Olivenöl

1 Das Suppengemüse schälen beziehungsweise waschen und in kleine Würfel schneiden. Zwiebel sowie Knoblauch schälen und fein würfeln.

2 In einem Topf 2 EL Weizenkeimöl erhitzen und Suppengemüse, Zwiebel sowie Knoblauch darin 2–3 Minuten anbraten. Die Graupen einstreuen und unter Rühren einige Minuten mitbraten. Die Mischung mit Salz und Pfeffer würzen. Mit Wein ablöschen und die Gemüsebrühe angießen. Die Graupen zugedeckt bei mittlerer Hitze etwa 20 Minuten weich garen.

3 Inzwischen die Kräuter waschen und trocken schütteln, die Blätter abzupfen und fein hacken. Die Tomaten waschen und jeweils an der Seite mit dem Stielansatz einen etwa 1 cm hohen Deckel abschneiden. Die Tomaten mit einem Löffel aushöhlen, dabei eine etwa 1 cm dicke Wand stehen lassen.

4 Den Backofen auf 200 °C vorheizen. Eine ofenfeste Form mit 1 EL Weizenkeimöl ausstreichen. Die Graupen nochmals mit Salz und Pfeffer abschmecken, mit zwei Dritteln der Kräuter vermischen und in die Tomaten füllen.

5 Die Hefeflocken mit Mandeln, restlichen Kräutern und Olivenöl verrühren. Je einen Klecks auf die gefüllten Tomaten geben. Die Tomaten in die Form setzen, mit dem restlichen Weizenkeimöl (1 EL) beträufeln und im Ofen auf der mittleren Schiene etwa 20 Minuten backen. Dazu schmeckt ein grüner Salat.

SWITCH!

Für die Füllung können Sie anstatt der Graupen auch Vollkornreis mit Pinienkernen und Oliven oder Quinoa mit Zucchiniraspeln verwenden.

ENCHILADAS
AUF SCHWARZEN BOHNEN UND MAIS

Gefüllte, im Ofen überbackene Tortillafladen kommen in Mexiko als »Enchiladas« auf den Tisch. In dieser Version sorgen Bohnen und Mais fürs Sattwerden und liefern eine ordentliche Portion wertvolles pflanzliches Eiweiß.

Für 4 Personen // Zubereitung: 45 Minuten + 30 Minuten Backen

2 Knoblauchzehen
1 kleine Zwiebel
1 kleine rote Chilischote
5 EL Olivenöl
1 kg geschälte Tomaten (aus der Dose)
3–4 Stiele Petersilie
3–4 Zweige Oregano
Salz
schwarzer Pfeffer aus der Mühle
1 Schuss veganer Rotwein
(ersatzweise Balsamico-Essig)
400 g schwarze Bohnen
(aus der Dose)
250 g Gemüsemais (aus der Dose)
1 kleines Bund Koriandergrün
1 Prise Chiligewürz (Chilipulver, siehe Tipp Seite 140)
8 Tortillafladen (Fertigprodukt)
100 g veganer Mozzarella
(oder Streukäse)

1 Knoblauch und Zwiebel schälen und fein hacken. Die Chilischote längs halbieren, entkernen, waschen und fein würfeln. Das Öl in einem breiten Topf erhitzen und Knoblauch, Zwiebel sowie Chili darin kurz andünsten. Die Tomaten mitsamt dem Saft in eine Schüssel füllen, mit den Händen zerdrücken und in den Topf geben.

2 Alles einmal aufkochen lassen, dann die Tomaten mit halb geöffnetem Deckel bei mittlerer Hitze 30 Minuten schmoren, bis ein Großteil der Flüssigkeit verdampft ist. Währenddessen gelegentlich umrühren.

3 Petersilie und Oregano waschen und trocken schütteln. Die Blätter abzupfen, hacken und in die Tomatensauce rühren. Die Sauce mit Salz und Pfeffer würzen und mit Rotwein abschmecken.

4 Bohnen und Mais in ein Sieb abgießen, abtropfen lassen und unter die Sauce rühren. Den Koriander waschen und trocken schütteln. Die Blätter abzupfen, fein hacken und mit dem Chiligewürz unter die Sauce rühren.

5 Den Backofen auf 200 °C vorheizen. Den Boden einer großen ofenfesten Form mit einem Teil der Sauce bedecken.

6 Die Tortillas auf einer Arbeitsfläche ausbreiten. Mit einem Schaumlöffel Bohnen sowie Mais aus dem Topf nehmen und mittig auf den Fladen platzieren. Die Fladen aufrollen und nebeneinander auf die Sauce in der Form legen. Die restliche Sauce auf und um die Tortillas herum verteilen.

7 Den Mozzarella klein schneiden und gleichmäßig auf den Tortillas verteilen. Die Enchiladas im Ofen auf der mittleren Schiene etwa 30 Minuten überbacken.

KOKOS-SÜSS-KARTOFFEL-AUFLAUF

Eine wunderbare Liaison geht die Süßkartoffel mit Kokos, Apfel und Möhren ein. Dazu etwas »Crunchiges« zum Überbacken, wie hier die süßsauren Walnussstreusel, und fertig ist ein köstliches Hauptgericht.

Für 4 Personen // Zubereitung: 30 Minuten + 20 Minuten Backen

800 g Süßkartoffeln
1 Stück Ingwer (etwa 3 cm)
200 g Möhren
1 Apfel (z. B. Boskop)
250 ml Gemüsebrühe
½ TL Bockshornkleesamen
Kräutersalz
schwarzer Pfeffer aus der Mühle
100 ml Kokosmilch (aus der Dose)
1 kräftige Prise frisch geriebene Muskatnuss
1 Prise mildes Currypulver
2 EL Olivenöl
50 g Walnusskerne
50 g veganes Paniermehl (am besten aus Vollkorn)
2 EL Crema di Aceto balsamico
1 TL Ahornsirup

1 Süßkartoffeln, Ingwer, Möhren und Apfel schälen. Den Apfel vierteln und entkernen. Dann alle vorbereiteten Zutaten in kleine Stücke schneiden und mit Brühe und Bockshornklee in einen Topf geben. Mit Kräutersalz und Pfeffer würzen. Einmal aufkochen, dann die Gemüsemischung zugedeckt bei mittlerer Hitze etwa 15 Minuten weich köcheln lassen.

2 Übriges Kochwasser vorsichtig abgießen. Die Kokosmilch zur Gemüsemischung in den Topf geben und alles je nach Geschmack grob bis fein pürieren. Muskat sowie Currypulver unterrühren und das Püree nochmals mit Salz sowie Pfeffer würzen. Eine ofenfeste Form mit 1 EL Öl ausstreichen und das Püree gleichmäßig darin verteilen. Den Backofen auf 200°C vorheizen.

3 Die Walnüsse grob hacken und mit Paniermehl, restlichem Öl (1 EL), Crema di Aceto und Ahornsirup verrühren. Die Nussmischung gleichmäßig auf dem Püree verteilen. Den Auflauf im Ofen auf der mittleren Schiene etwa 20 Minuten überbacken.

RAFFINIERT WÜRZEN

Viele Kinder lieben den Geschmack von Süßkartoffeln, sind Gewürzen gegenüber aber eher skeptisch. Passen Sie also bei Bedarf die Würze und Schärfe an, indem Sie weniger Ingwer und auf jeden Fall ein mildes Currypulver verwenden.

GETREIDE & PASTA

PROTEINREICH GLUTENFREI SOJAFREI

HIRSE-TOMATEN
MIT OLIVEN

Hirse ist als glutenfreie Getreidesorte auch für Menschen geeignet, die an einer Glutenunverträglichkeit leiden und lässt sich wunderbar als Füllung, in Aufläufen oder Bratlingen verwenden. Mediterrane Zutaten wie in diesem Rezept unterstreichen seinen leicht nussigen Charakter besonders gut.

Für 4 Personen // Zubereitung: 45 Minuten + 15 Minuten Schmoren

1 kleine Zwiebel
2 Knoblauchzehen
4 EL Olivenöl
250 g Hirse
Salz
schwarzer Pfeffer aus der Mühle
1 Schuss veganer Weißwein
600 ml glutenfreie Gemüsebrühe
8 große Tomaten
1 kleines Bund gemischte Kräuter (z. B. Schnittlauch, Petersilie, Basilikum)
100 g Dinkel oder Reis cuisine (vegane Sahnealternativen)
2 EL Hefeflocken
50 g Kalamata-Oliven (mit Stein)

1 Zwiebel sowie Knoblauch schälen und fein würfeln. In einem Topf 2 EL Öl erhitzen, Zwiebel- und Knoblauchwürfel darin andünsten. Die Hirse einstreuen und 1 Minute unter Rühren anbraten. Mit Salz und Pfeffer würzen. Mit Wein ablöschen und die Brühe angießen. Einmal aufkochen, dann zugedeckt bei schwacher Hitze etwa 20 Minuten köcheln lassen, bis die Hirse die Flüssigkeit fast vollständig aufgenommen hat.

2 Inzwischen die Tomaten waschen und jeweils einen Deckel abschneiden. Anschließend das Fruchtfleisch herauslösen, dabei eine etwa 0,5 – 1 cm dicke Wand stehen lassen. Die Kräuter waschen und trocken schütteln, die Blätter abzupfen und fein hacken. Die Dinkel oder Reis cuisine mit den Hefeflocken gründlich verrühren. Die Oliven entsteinen und klein schneiden. Den Backofen auf 200 °C vorheizen. Eine ofenfeste Form mit 1 EL Öl einfetten.

3 Die Hirse nochmals mit Salz und Pfeffer abschmecken und locker mit den gehackten Kräutern sowie der Hefeflockencreme vermengen. Die Oliven untermischen. Die Hirsemischung mithilfe eines Löffels in die ausgehöhlten Tomaten füllen und diese nebeneinander in die Form setzen. Die Tomatendeckel auf die gefüllten Tomaten legen und das restliche Öl (1 EL) darüberträufeln. Die Tomaten im Ofen etwa 15 Minuten schmoren.

SWITCH!

Anstatt Hirse kann für die Füllung auch gekochter Reis oder Bulgur verwendet werden.

BULGUR
MIT KICHERERBSEN, LINSEN UND BOHNEN

Wenn Geschmack und Inhaltsstoffe stimmen, schlägt das Herz von Veganern höher – dafür sorgen hier pikante Aromen und viel Eiweiß aus Kichererbsen, Linsen, Bohnen und Weizen. Auch gut: Bei diesem Rezept gibt's nicht viel Abwasch, weil sich alles in einem Topf abspielt.

Für 4 Personen // Zubereitung: 50 Minuten

1 große Zwiebel
2 Knoblauchzehen
150 g braune Berglinsen (oder Puy-Linsen)
2 EL neutrales Pflanzenöl
Salz
schwarzer Pfeffer aus der Mühle
Cayennepfeffer
1 l glutenfreie Gemüsebrühe
360 g Kichererbsen (aus der Dose)
200 g Kidneybohnen (aus der Dose)
150 g mittelfeiner Bulgur
1 EL Olivenöl
1 TL Zatar (Gewürzmischung; siehe Tipp unten)
1 EL grob gehackte Petersilie
Sojajoghurt und Zitronenspalten zum Servieren

1 Zwiebel sowie Knoblauch schälen und fein würfeln. Die Linsen in einem Sieb gründlich abbrausen und abtropfen lassen. Das Pflanzenöl in einem Topf erhitzen und Zwiebel- sowie Knoblauchwürfel darin kurz anbraten.

2 Die Linsen einrühren und mit Salz, Pfeffer und Cayennepfeffer würzen. Die Brühe angießen. Alles einmal aufkochen und anschließend zugedeckt bei schwacher Hitze etwa 25 Minuten köcheln lassen.

3 Die Kichererbsen sowie die Kidneybohnen in einem Sieb abtropfen lassen und unter die Linsen rühren. Nochmals mit Salz, Pfeffer und Cayennepfeffer abschmecken. Den Bulgur unterrühren und zugedeckt bei schwacher Hitze 8–10 Minuten ausquellen lassen. Bei Bedarf und je nach gewünschter Konsistenz noch 4–5 EL Wasser hinzufügen.

4 Das Olivenöl mit dem Zatar verrühren und unter die Bulgurmischung rühren. Mit Petersilie garnieren, mit etwas Cayennepfeffer bestäuben und sofort servieren. Sojajoghurt und Zitronenspalten dazu reichen.

GUT ZU WISSEN

Die Gewürzmischung Zatar schmeckt leicht säuerlich mit süßen Kräuteraromen. Sie besteht aus Sumach, gerösteten Sesamsamen, Zatarkraut sowie Salz und ist in Gewürzläden oder orientalischen Lebensmittelgeschäften erhältlich.

SERVIER-TIPP

Den Eintopf auf tiefe Teller verteilen. Mit 2–3 EL Soja-joghurt überziehen und Zatar daraufstreuen. Dazu Fladen-brot und Olivenöl auf den Tisch stellen.

RAFFINIERT WÜRZEN

Die Tomatensauce wird fein abgerundet, wenn Sie sie zusätzlich mit 1 Schuss veganem Weiß- oder Rotwein würzen.

GESCHICHTETE
POLENTA
AUS DEM OFEN
MIT AUBERGINEN

Eine schöne und zudem glutenfreie Alternative zu einer herkömmlichen Lasagne. In der Sommersaison, wenn aromatische Auberginen und Tomaten Hochsaison haben, schmeckt der Auflauf am besten und verspricht Schicht für Schicht saftigen Genuss. Schmeckt auch noch am nächsten Tag!

Für 4 Personen // Zubereitung: 1 Stunde + 1 Stunde Abkühlen + 30 Minuten Backen

600 ml glutenfreie Gemüsebrühe
200 g Dinkel oder Hafer cuisine (vegane Sahnealternativen)
250 g Instant-Polenta (Maisgrieß)
50 g Pinienkerne, grob gehackt
Salz
schwarzer Pfeffer aus der Mühle
1 EL neutrales Pflanzenöl
1 Aubergine
6–7 EL Olivenöl
2 kleine Zwiebeln, gewürfelt
2 Knoblauchzehen, gewürfelt
500 g kleine Tomaten, geviertelt
1 TL getrockneter Oregano
1 kleines Bund Basilikum, gehackt

1 Die Brühe mit der cuisine in einem breiten Topf aufkochen lassen. Den Maisgrieß dazugeben und unter Rühren etwa 2 Minuten kochen. Den Topf mit dem Deckel verschließen und vom Herd nehmen. Die Hälfte der Pinienkerne beiseitestellen, die restlichen Kerne unter die Polentamasse rühren und diese mit Salz sowie Pfeffer würzen.

2 Ein Backblech zur Hälfte mit Alufolie auslegen, die Folie mit Öl bestreichen. Die Polentamasse daraufgeben und etwa 2–3 cm hoch glatt streichen. Vollständig abkühlen lassen. Inzwischen die Aubergine waschen, längs vierteln und ohne den Stielansatz quer in etwa 0,5 cm dicke Scheiben schneiden. Die Scheiben mit Salz bestreuen und etwa 30 Minuten Wasser ziehen lassen.

3 In einer großen Pfanne 3 EL Olivenöl erhitzen und Zwiebeln sowie Knoblauch darin 1 Minute anbraten. Die Tomaten hinzufügen und alles unter Rühren 10–15 Minuten garen. Die Tomaten mit Salz, Pfeffer und Oregano würzen. Zuletzt das Basilikum unterrühren.

AUCH LECKER!

Wer möchte, kann beim Schichten der Lasagne noch ein paar Kleckse veganes Pesto mit einarbeiten.

4 Den Backofen auf 200 °C vorheizen und eine ofenfeste Form mit 1 EL Olivenöl ausstreichen. Die Auberginen in ein Sieb geben, kalt abbrausen, abtropfen lassen und mit Küchenpapier trocken tupfen. Das restliche Olivenöl (2–3 EL) in einer Pfanne erhitzen und die Auberginenscheiben darin auf beiden Seiten etwa 5 Minuten knusprig braten.

5 Die Polentaplatte in drei Stücke schneiden und diese nochmals horizontal dritteln. Zunächst etwa ein Viertel der Tomatensauce auf dem Boden der Form verteilen und ein Drittel der Auberginen daraufgeben. Mit einem Drittel der Polenta bedecken. Auf diese Weise alle Zutaten einschichten, dabei mit Tomatensauce abschließen. Mit den Pinienkernen bestreuen. Im Ofen etwa 30 Minuten backen.

BULGURSALAT
MIT APRIKOSEN UND MINZE

Fruchtig-süß, würzig und kernig durch Weizenschrot und Pinienkerne. Ein ideales Gericht zum Mitnehmen, aber auch zum Variieren mit Zutaten wie Salatgurke, Zucchini, Tomaten, Oliven oder Petersilie statt Minze.

Für 4 Personen // Zubereitung: 30 Minuten + 1 Stunde Kühlen

250 g Bulgur
Salz
1 EL vegane Margarine (oder Olivenöl)
2 EL Pinienkerne
1 kleines Bund Minze
250 g kleine, süße Aprikosen
Saft und etwas abgeriebene Schale von 1 Bio-Zitrone
4 EL Olivenöl
Salz
schwarzer Pfeffer aus der Mühle

1 Den Bulgur in einer Schüssel mit etwa 250 ml kochend heißem Salzwasser übergießen und 6–7 Minuten quellen lassen. Die Margarine unterrühren.

2 Die Pinienkerne in einer Pfanne ohne Fett etwa 2 Minuten rösten, bis sie duften. Herausnehmen und auf einem Teller abkühlen lassen. Die Minze waschen und trocken schütteln, die Blätter abzupfen und in Streifen schneiden. Die Aprikosen waschen, halbieren, entsteinen und in kleine Stücke schneiden.

3 Den Bulgur mit einer Gabel auflockern. Pinienkerne, Minze und Aprikosen untermengen. Zitronensaft und -schale sowie das Öl untermischen. Den Salat mit Salz sowie Pfeffer würzen und abgedeckt 1 Stunde im Kühlschrank durchziehen lassen.

RAFFINIERT WÜRZEN

Schmecken Sie den Salat nach dem Kühlen nochmals mit Salz, Pfeffer und Zitronensaft ab – der Bulgur absorbiert während des Durchziehens regelrecht die Aromen und verträgt dann meist noch etwas zusätzliche Würze.

EBLY
MIT PILZEN
UND FENCHEL

Bei Ebly, auch Weizli genannt, handelt es sich um vorgegarten Weizen, der nahezu noch alle wertvollen Inhaltsstoffe der Getreidekörner enthält – ideal also, um damit auf die Schnelle gesunde vegane Gerichte zu zaubern.

Für 4 Personen // Zubereitung: 30 Minuten

50 g Rosinen
50 ml Orangensaft
1 EL Pinienkerne
200 g Pilze (z. B. Champigons,
Austernpilze, Steinpilze)
1 kleine Fenchelknolle
1 Möhre
1 Stück Ingwer (etwa 3 cm)
2 EL Olivenöl
250 g Ebly-Weizen
(vorgegarter Hartweizen)
Salz
schwarzer Pfeffer aus der Mühle
1 Prise Chiligewürz
(Chilipulver; siehe Tipp)
500 ml Gemüsebrühe

1 Die Rosinen in einer kleinen Schüssel mit dem Orangensaft übergießen und ziehen lassen, bis die restlichen Zutaten vorbereitet sind. Die Pinienkerne in einer Pfanne ohne Fett 1–2 Minuten rösten, herausnehmen und auf einem Teller beiseitestellen. Die Pilze mit einem Küchentuch abreiben und je nach Sorte etwas kleiner schneiden.

2 Den Fenchel waschen, längs vierteln und vom Strunk befreien. Die Viertel quer in dünne Streifen schneiden. Das Fenchelgrün fein hacken. Möhre sowie Ingwer schälen und fein würfeln.

3 Das Öl in einem Topf erhitzen und Möhren- sowie Ingwerwürfel darin 1 Minute anbraten. Die Fenchelstreifen hinzufügen und unter Rühren 2 Minuten braten. Den Weizen einstreuen. Mit Salz, Pfeffer sowie dem Chiligewürz würzen. Die Brühe angießen.

4 Alles zugedeckt bei mittlerer Hitze 10 Minuten garen. Die Pilze untermengen und noch etwa 5 Minuten weitergaren, bis der Weizen weich ist. Nochmals mit Salz sowie Pfeffer abschmecken und das Fenchelgrün unterrühren. Zum Servieren die Rosinen mitsamt dem Saft und die Pinienkerne untermischen.

DEKO-TIPP

Um noch etwas Farbe ins Spiel zu bringen, mit den Möhren noch das in Ringe geschnittene Grün von 1 Frühlingszwiebel mit anbraten.

GEBRATENER GEMÜSEREIS
MIT GRÜNEN BOHNEN

Vollkornreis ist gesünder als geschälter weißer Reis, weil er noch alle wichtigen Inhaltsstoffe aus den Randschichten der Körner enthält. Bei diesem Rezept wird der Reis eingeweicht, dadurch gart er nicht nur schneller, sondern ist auch besonders bekömmlich.

Für 4 Personen // Zubereitung: 40 Minuten + 2 Stunden Einweichen

250 g Vollkornreis
Salz
200 g grüne Bohnen (oder Zuckerschoten)
1 Zucchini
2 Schalotten
2 Knoblauchzehen
1 kleine grüne Chilischote
2 EL neutrales Pflanzenöl
1–2 EL Tamari (glutenfreie Sojasauce; aus dem Asien- oder Bioladen)
schwarzer Pfeffer aus der Mühle
Gomasio (Sesamsalz, aus dem Asienladen; nach Belieben)

1 Den Reis in einer Schüssel mit Wasser gründlich waschen, in ein Sieb abgießen und nochmals abbrausen. Dann in der Schüssel mit frischem Wasser bedeckt mindestens 2 Stunden einweichen.

2 Den Reis in ein Sieb abgießen und nochmals abbrausen. In einem Topf mit 500 ml Wasser und 1 kräftigen Prise Salz aufkochen und anschließend zugedeckt bei schwacher Hitze etwa 20 Minuten ausquellen lassen, bis der Reis das Wasser vollständig aufgenommen hat. Den Reis gut abkühlen lassen.

3 Inzwischen die grünen Bohnen waschen und die Enden abschneiden. Die Bohnen in kochendem Salzwasser etwa 3–4 Minuten blanchieren. In ein Sieb abgießen, mit kaltem Wasser abschrecken und abtropfen lassen. Anschließend schräg in mundgerechte Stücke schneiden. Die Zucchini waschen, den Stielansatz entfernen. Je nach Größe längs halbieren oder vierteln und quer in dünne Scheiben schneiden. Schalotten sowie Knoblauch schälen und fein würfeln. Die Chilischote längs halbieren, entkernen, waschen und in kleine Würfel schneiden.

4 Das Öl in einer großen Pfanne oder in einem Wok erhitzen. Schalotten, Knoblauch und Chili darin unter Rühren 1 Minute anbraten. Den Reis hinzufügen und unter Rühren 2–3 Minuten mitbraten. Bohnen sowie Zucchini untermischen und alles 3–4 Minuten weiterbraten. Mit Tamari und grob gemahlenem Pfeffer sowie Gomasio nach Belieben kräftig würzen.

KOCH-KNOW-HOW

Der Reis sollte mindestens 2 Stunden eingeweicht werden, kann aber problemlos auch über Nacht im Wasser bleiben.

GEFÜLLTE PAPRIKA
MIT SEIDENTOFU UND KRÄUTERN

Die Füllung ist mit Reis, Kräutern, Rosinen und seidig-cremigem Tofu wunderbar würzig aromatisch. Da die Paprikaschoten mehr gedämpft als gebraten werden, schmecken sie leicht und fruchtig , und ihre Nährstoffe bleiben besser erhalten. Entweder warm oder kalt genießen!

Für 4 Personen // Zubereitungszeit: 50 Minuten + 20 Minuten Backen

Für die gefüllten Paprikaschoten:
4 Paprikaschoten (gelb, rot, orange)
2 Frühlingszwiebeln
2 Knoblauchzehen
2 EL neutrales Pflanzenöl
150 g Langkornreis (am besten Vollkornreis)
Salz
schwarzer Pfeffer aus der Mühle
¼ TL zerstoßene Pimentkörner
Cayennepfeffer
450 ml glutenfreie Gemüsebrühe
50 g Rosinen
½ kleines Bund gemischte Kräuter (z. B. Petersilie, Dill, Minze)
2 EL Olivenöl
150 g Seidentofu

Außerdem:
2 Tomaten
1 Bio-Zitrone
Crema di Aceto balsamico (nach Belieben)

1 Die Paprikaschoten waschen und jeweils einen Deckel abschneiden. Die Deckel ohne die Stielansätze in sehr kleine Würfel schneiden, die Schoten entkernen. Die Frühlingszwiebeln waschen und ohne Wurzelansätze fein würfeln. Den Knoblauch schälen und ebenfalls fein würfeln.

2 Das Pflanzenöl in einem Topf erhitzen und Paprika-, Frühlingszwiebel- und Knoblauchwürfel darin 1 Minute anbraten. Den Reis einstreuen und unter Rühren 1 Minute mitbraten. Mit Salz, Pfeffer, Piment sowie Cayennepfeffer würzen und 300 ml Brühe angießen. Aufkochen und zugedeckt bei schwacher Hitze etwa 15 Minuten garen.

3 Inzwischen die Rosinen mit 100 ml Brühe übergießen und quellen lassen. Die Kräuter waschen und trocken schütteln, die Blätter abzupfen und fein hacken. Den Backofen auf 180 °C vorheizen. Eine Auflaufform mit 1 EL Olivenöl einfetten. Den Tofu klein schneiden.

4 Rosinen mitsamt Brühe, Kräutern und Tofu unter den gegarten Reis rühren. Die Reismischung in die Paprikaschoten füllen und mit dem restlichen Olivenöl (1 EL) beträufeln. Die Schoten in die Auflaufform stellen. Die restliche Brühe (50 ml) darum herumgießen und die Form mit einem Deckel oder mit Alufolie verschließen. Die Paprikaschoten im Ofen auf der mittleren Schiene etwa 20 Minuten garen.

5 Zum Servieren die Tomaten waschen und in Scheiben schneiden, dabei die Stielansätze entfernen. Die Zitrone heiß waschen, trocken reiben und in Spalten schneiden. Die Paprikaschoten auf einen Servierteller stellen und rundherum mit Tomatenscheiben garnieren. Nach Belieben Crema di Aceto als feine Fäden darüberziehen und alles mit Zitronenspalten dekorieren.

REISSALAT
MIT TAHIN
UND GRANATAPFEL

Der fruchtige und zugleich leicht nussige Geschmack von Orangen, Granatapfel und Sesam passt sehr gut zum neutralen Reis. Da die Zutaten frisch beigemengt werden, bleibt das Vitamin C von Früchten und Petersilie voll erhalten.

Für 4 Personen // Zubereitung: 40 Minuten

250 g Wildreismischung
Salz
60 g Cashewkerne
1 Granatapfel
1 kleines Bund Petersilie
2 Frühlingszwiebeln
1 Bio-Orange
2 Knoblauchzehen
2 EL Olivenöl
60 g Tahin (Sesampaste)
Saft von ½ Zitrone
schwarzer Pfeffer aus der Mühle
1 Prise Cayennepfeffer
1 Prise gemahlener Kreuzkümmel
2 EL gehackte getrocknete Aprikosen
(nach Belieben)
1 Prise gemahlener Zimt
(nach Belieben)

1 Die Reismischung in kochendem Salzwasser nach Packungsangabe garen. Den Reis in ein Sieb abgießen, gut abtropfen und abkühlen lassen.

2 Inzwischen die Cashewkerne in einer Pfanne ohne Fett anrösten. Herausnehmen und grob hacken. Den Granatapfel vierteln oder in Scheiben schneiden und die Kerne über einer Schüssel herauslösen. Die Petersilie waschen und trocken schütteln, die Blätter abzupfen und fein hacken. Die Frühlingszwiebeln waschen und ohne die Wurzelansätze klein würfeln. Die Orange heiß waschen und trocken reiben. Etwas Schale fein abreiben. Die Orange halbieren. Von einer Hälfte den Saft auspressen, die andere Hälfte schälen und in kleine Stücke schneiden.

3 Den Knoblauch schälen und durch eine Knoblauchpresse zum Öl drücken. Tahin, Orangenschale- und saft, sowie Zitronensaft dazugeben und alles gut verrühren. Mit Salz, Pfeffer, Cayennepfeffer und Kreuzkümmel würzen.

4 Den Reis mit Cashewkernen, Granatapfelkernen, Petersilie, Frühlingszwiebeln, Orangenstückchen und Dressing in einer Schüssel locker vermengen. Dann auf einer großen Servierplatte anrichten und nach Belieben mit Aprikosen und Zimt bestreuen.

KOCH-KNOW-HOW

Während der Reis gart, können Sie bequem alle anderen Zutaten und das Dressing vorbereiten. Dann den Reis abgießen, so lange mit kaltem Wasser abbrausen, bis er kalt ist, und abtropfen lassen – so haben Sie keine Wartezeiten.

LINSENREIS
MIT PETERSILIEN-SOJAJOGHURT

Wie bei einem »One-pot-dish« werden hier Linsen und Reis in einem Topf gegart. Die Linsen sind mit über 24 Prozent Eiweiß ein hochwertiger Proteinlieferant – ideal also für Veganer!

Für 4 Personen // Zubereitung: 1 Stunde

Für den Linsenreis:

½ kleines Bund Suppengemüse
(Möhre, Knollensellerie und Lauch)
7 EL Olivenöl
200 g grüne Linsen
1 l glutenfreie Gemüsebrühe
3 große Zwiebeln
200 g Langkornreis (am besten
Vollkornreis)
Kräutersalz
schwarzer Pfeffer aus der Mühle
1 Prise frisch geriebene Muskatnuss

Für den Petersilien-Sojajoghurt:

½ Bund glatte Petersilie
150 g Sojajoghurt
Saft von 1 Zitrone
1 EL Olivenöl

1 Für den Linsenreis das Suppengemüse schälen beziehungsweise waschen und in kleine Würfel schneiden. In einem breiten Topf 2 EL Öl erhitzen und die Gemüsewürfel darin 2 Minuten anbraten. Die Linsen einstreuen und 1 Minute unter Rühren mitbraten. Die Brühe angießen. Alles aufkochen und dann zugedeckt bei schwacher Hitze etwa 15 Minuten garen.

2 Inzwischen die Zwiebeln schälen und in dünne Ringe schneiden. In einer Pfanne 5 EL Öl erhitzen und die Zwiebeln darin in etwa 15 Minuten goldbraun und knusprig braten.

3 Den Reis unter die leicht köchelnden Linsen rühren. Falls nötig, so viel Wasser zugießen, dass alles bedeckt ist. Zugedeckt 15 Minuten weitergaren, währenddessen gelegentlich umrühren.

4 Für den Petersilien-Sojajoghurt die Petersilie waschen und trocken schütteln, die Blätter abzupfen und fein hacken. Mit Sojajoghurt, Zitronensaft und Öl verrühren.

5 Den Linsenreis mit Kräutersalz, Pfeffer und Muskat würzen. Die Hälfte der gebratenen Zwiebeln untermischen. Auf Teller verteilen und die restlichen Zwiebeln daraufgeben. Den Petersilien-Sojajoghurt separat dazu reichen. Dazu schmecken gemischte Oliven und Tomatensalat.

NUDELTEIG FÜR FUSILLI

Nudeln selbst herzustellen ist gar nicht so schwer. Ein bisschen Zeit brauchen Sie dafür zwar, doch Sie benötigen weder eine Nudelmaschine noch ein Nudelholz. Hier zeige ich Ihnen eine Methode für Fusilli, die spiralförmige Pasta.

Zutaten für 4 Personen // Zubereitung: 1 Stunde + 30 Minuten Ruhen

500 g Hartweizenmehl (z. B. aus dem Bio- oder italienischen Feinkostladen) + etwas mehr Mehl zum Arbeiten
Salz

1 Das Mehl in eine große Schüssel sieben und nach und nach mit 250 ml kaltem Wasser zu einem festen Teig verarbeiten. Den Teig mit einem Tuch bedeckt 30 Minuten bei Zimmertemperatur ruhen lassen.

2 Den Teig mit einem Messer in etwa faustgroße Stücke teilen. Eine Teigportion mit den Händen zu einer möglichst dünnen Rolle formen, die restlichen Teigportionen zunächst gut mit einem Tuch abdecken, damit sie nicht austrocknen.

3 Die Rolle in etwa 5 cm lange Stücke schneiden und dünn mit Mehl bestäuben, damit sie nicht zusammenkleben. Die Teigstreifen nacheinander jeweils spiralförmig um einen dünnen Metallstab oder Schaschlikspieß aus Holz wickeln. Die Nudel dann vorsichtig vom Stab abziehen und auf einen Teller oder ein Holzbrett legen. Dabei darauf achten, dass die Spiralform erhalten bleibt. Die Nudeln dünn mit Mehl bestäuben. Auf diese Weise nach und nach alle Teigportionen zu Nudeln formen.

4 Die fertigen Nudeln portionsweise in kochendem Salzwasser etwa 3 Minuten bissfest garen. Mit einem Schaumlöffel direkt aus dem Kochwasser in eine Pfanne mit der gewählten Sauce geben und vorsichtig untermischen. Oder ganz einfach mit Olivenöl und frisch gehackten Kräutern servieren.

RAFFINIERT
WÜRZEN

Den Pastateig nach Belieben
mit 1 kräftigen Prise Chilipulver,
1 Msp. gemahlenem Safran oder
1 Msp. Kurkumapulver würzen
und ihm damit etwas Farbe
verleihen.

PROTEINREICH GLUTENFREI

SOBA-NUDELN
MIT FLAGEOLETS
UND PAK CHOI

Das japanische Wort für Buchweizen heißt Soba. Diese leckeren braunen Buchweizennudeln bilden die Grundlage für eine große Gemüse- und Aromenvielfalt. Ob würzig, scharf oder mild – das ist reine Geschmackssache.

Für 4 Personen // Zubereitung: 30 Minuten

300 g Soba-Nudeln
(jap. Buchweizennudeln)
Salz
2 EL Sesamsamen
6 EL Tamari (glutenfreie Sojasauce;
aus dem Asien- oder Bioladen)
1 EL Tomatenketchup
1 TL Rohrohrzucker
200 g Flageolets (grüne Bohnenkerne;
aus der Dose)
200 g gemischte Pilze (z. B. Austernpilze, Shiitake, Enoki)
1 kleiner Pak Choi
1 Stück Ingwer (etwa 3 cm)
2 Knoblauchzehen
2 EL neutrales Öl
schwarzer Pfeffer aus der Mühle

1 Die Nudeln nach Packungsangabe in kochendem Salzwasser bissfest garen. In ein Sieb abgießen, mit kaltem Wasser abschrecken und abtropfen lassen. Die Sesamsamen in einer Pfanne ohne Fett 1–2 Minuten rösten, bis sie duften.

2 Tamari, Tomatenketchup, Zucker und 100 ml Wasser in einem kleinen Topf verrühren, aufkochen und dann bei schwacher Hitze 2–3 Minuten köcheln lassen. Von der Herdplatte nehmen.

3 Die Bohnenkerne abtropfen lassen. Die Pilze mit einem Küchentuch abreiben und je nach Größe längs halbieren oder in Streifen schneiden. Den Pak Choi quer in Streifen schneiden, waschen und gut abtropfen lassen. Ingwer sowie Knoblauch schälen und fein würfeln.

4 Das Öl in einer großen Pfanne oder im Wok erhitzen. Ingwer und Knoblauch darin unter Rühren 1 Minute anbraten. Die Pilze hinzufügen und alles 2–3 Minuten weiterbraten.

5 Bohnenkerne und Pak Choi hinzufügen. Die vorbereitete Sauce daraufträufeln. Die Nudeln unterrühren und erwärmen. Mit Salz und Pfeffer abschmecken und in Schalen verteilen. Mit Sesamsamen bestreut servieren.

SWITCH!

Falls Sie keine Flageolets in der Dose bekommen, können Sie stattdessen auch tiefgekühlte Bohnenkerne verwenden. Diese zuvor auftauen lassen und je nach Packungsangabe noch kurz blanchieren.

ASIA-NUDELN
MIT ZUCCHINI UND ERDNUSSSAUCE

Die Asiaküche zeigt hier wieder einmal eindrucksvoll, dass in kürzester Zeit mit nur wenigen Zutaten eine richtig gute und vollwertige Mahlzeit auf dem Tisch stehen kann. Ein perfektes Gericht für die schnelle Feierabendküche!

Für 4 Personen // Zubereitung: 30 Minuten

1 kleine Zucchini
1 rote Paprikaschote
1 kleine rote Chilischote
400 g Wantan-Nudeln
(asiat. Weizenmehlnudeln)
60 g ungesalzene Erdnüsse
1 kleines Bund Koriandergrün
2 EL Erdnussöl
3 EL Reiswein
3 EL helle Sojasauce
1 TL süßscharfe Chilisauce
2–3 EL Erdnusscreme mit Stücken
(crunchy Peanutbutter)
schwarzer Pfeffer aus der Mühle

1 Die Zucchini waschen, vom Stielansatz befreien, längs vierteln und quer in Stücke schneiden. Die Paprikaschote längs halbieren, entkernen, waschen und in etwa 0,5 cm große Stücke schneiden. Die Chilischote längs halbieren, entkernen, waschen und fein würfeln.

2 Die Nudeln in einer Schüssel mit kochend heißem Wasser übergießen und etwa 5 Minuten einweichen. Anschließend in ein Sieb abgießen und abtropfen lassen. Die Erdnüsse in einer Pfanne ohne Fett etwa 2 Minuten rösten, bis sie duften. Herausnehmen und auf einem Teller abkühlen lassen. Den Koriander waschen und trocken schütteln, die Blätter abzupfen und fein hacken.

3 Das Öl in einem Wok oder in einer großen Pfanne erhitzen und Chili- sowie Paprikawürfel darin 1 Minute anbraten. Zucchinistücke hinzufügen und alles unter Rühren 2 Minuten weiterbraten.

4 Die Nudeln und anschließend Reiswein, Sojasauce, Chilisauce und Erdnusscreme untermengen. Mit Pfeffer würzen. Die Nudeln heiß werden lassen. Nochmals mit Pfeffer abschmecken und den Koriander untermischen. Auf Teller verteilen und mit den gerösteten Erdnüssen bestreuen.

SWITCH!

Das Gericht eignet sich wunderbar auch zur Resteverwertung. So können statt der Wantan-Nudeln zum Beispiel Nudelreste vom Vortag verwendet werden.

SPAGHETTINI
MIT GRÜNEM GEMÜSE UND BÄRLAUCH

Bärlauch und junger Blattspinat läuten in der Küche das Frühjahr ein und verdrängen die Wintergerichte vom Tisch. Zusammen mit Erbsen und Brokkoli versorgen uns die frischen »Grünen« mit reichlich Folsäure, die wichtig für Zellwachstum und Blutbildung ist.

Für 4 Personen // Zubereitung: 50 Minuten

150 g grüne Erbsen (TK)
¼ Bund Bärlauch
3 EL Olivenöl
250 g Brokkoliröschen
Salz
250 g junger Blattspinat
1 große Möhre
1 Dose stückige Tomaten (400 g)
schwarzer Pfeffer aus der Mühle
500 g Spaghettini (dünne Spaghetti)

1 Die Erbsen auftauen lassen. Den Bärlauch waschen, trocken schütteln, klein schneiden und mit 1 EL Öl vermengen.

2 Die Brokkoliröschen waschen und in kochendem Salzwasser 1 Minute blanchieren. Mit einem Schaumlöffel herausheben, in einem Sieb mit kaltem Wasser abschrecken und abtropfen lassen. Den Spinat verlesen, waschen und in das kochende Salzwasser geben. Sobald das Wasser wieder aufkocht, den Spinat in ein Sieb abgießen, mit kaltem Wasser abschrecken und abtropfen lassen. Die Möhre schälen und in Scheiben schneiden.

3 Das restliche Öl (2 EL) in einem großen Topf erhitzen und die Möhren darin 1 Minute anbraten. Die Tomaten dazugeben. Mit Salz und Pfeffer würzen und bei mittlerer Hitze etwa 10 Minuten köcheln lassen. Inzwischen die Spaghettini nach Packungsangabe in reichlich kochendem Salzwasser bissfest garen.

4 Brokkoli und Erbsen zu den Tomaten geben und etwa 1 Minute mitgaren. Bärlauch und Spinat hinzufügen. Alles nochmals mit Salz und Pfeffer abschmecken. Die Spaghettini mit einer Nudelkelle aus dem Wasser heben und tropfnass unter die Sauce mischen. Sofort servieren.

GUT ZU WISSEN

Frischer Bärlauch ist sehr geschmacksintensiv – deshalb sind für das würzige Aroma dieser Tomatensauce weder Zwiebeln noch Knoblauch nötig.

VEGANE SAURE SAHNE

150 g Cashewkerne mindestens 8 Stunden – am besten über Nacht – in kaltem Wasser einweichen. In ein Sieb abgießen und im Mixer mit 125 ml Wasser, 1 geschälten Knoblauchzehe sowie dem Saft von 1–2 Zitronen sehr fein pürieren. Mit Salz und Pfeffer abschmecken.

BANDNUDELN
MIT MANGOLD
UND ROSINEN

So leicht und erfrischend kann Pasta schmecken. Zitronig mit einer feinen Süße, gartenfrisch mit Mangold und mit einer tollen Gewürznote. Die vegane saure Sahne können Sie fertig kaufen, selbst herstellen oder auch weglassen.

Für 4 Personen // Zubereitung: 30 Minuten

250 g Mangold
2 Fleischtomaten
500 g vegane Bandnudeln
(z. B. Tagliatelle)
Salz
250 ml Gemüsebrühe
50 g Rosinen (nach Belieben)
Saft von 1 Zitrone
2 EL Olivenöl
1 Prise gemahlene Gewürznelken
1 Prise gemahlenes Chiligewürz
(Chilipulver, siehe Tipp Seite 140)
schwarzer Pfeffer aus der Mühle
4 EL vegane saure Sahne (Fertigprodukt oder selbst gemacht,
siehe links; nach Belieben)

1 Den Mangold waschen und abtropfen lassen. Die Stiele aus den Blättern herausschneiden und klein würfeln. Die Mangoldblätter quer in etwa 1 cm breite Streifen schneiden. Die Tomaten jeweils an der Seite ohne Stielansatz kreuzweise einritzen, mit kochend heißem Wasser überbrühen, häuten, halbieren und entkernen. Die Tomatenhälften in dünne Streifen schneiden.

2 Die Nudeln nach Packungsangabe in reichlich kochendem Salzwasser bissfest garen. Inzwischen die Brühe aufkochen. Die gewürfelten Mangoldstiele sowie die Rosinen einrühren und bei schwacher Hitze etwa 3 Minuten garen. Den Zitronensaft mit Öl, Nelken sowie Chiligewürz verrühren und mit Pfeffer würzen.

3 Die Nudeln in ein Sieb abgießen und tropfnass in eine Schüssel geben. Ölmischung, Tomatenstreifen, Mangoldstiele und Rosinen mitsamt der Brühe sowie die Mangoldstreifen locker untermengen. Nach Belieben die vegane saure Sahne unterrühren und nochmals mit Salz und Pfeffer abschmecken. In vier Schalen oder tiefe Teller verteilen und jeweils mit etwas Pfeffer aus der Mühle garnieren.

GEBÄCK & DESSERTS

TARTELETTS
MIT SÜSSKARTOFFELN UND ROTEN ZWIEBELN

Manchmal muss es schnell gehen, aber auf etwas Selbstgemachtes möchte man dennoch nicht verzichten. Die Zauberzutat heißt dann Blätterteig, den es in guter Qualität fertig zu kaufen gibt. Mit exotisch-asiatisch gewürztem Gemüse wird daraus ein richtiges kleines Festmahl!

Für 4 Personen // Zubereitung: 20 Minuten + 25–30 Minuten Backen

1 längliche Süßkartoffel (oder 2 Möhren)
2 EL Olivenöl
1 kräftige Prise gemahlener Zimt
1 kräftige Prise frisch geriebene Muskatnuss
1 kräftige Prise Cayennepfeffer
2 rote Zwiebeln
275 g Blätterteig (ausgerollt, aus dem Kühlregal)
50 g Mangochutney (Fertigprodukt)
2–3 Thymianzweige (nach Belieben)
Meersalz aus der Mühle
schwarzer Pfeffer aus der Mühle

1 Den Backofen auf 180 °C vorheizen und ein Backblech mit Backpapier auslegen. Süßkartoffeln oder Möhren schälen, mit dem Gemüsehobel oder dem Messer in dünne Scheiben schneiden und in eine Schüssel geben. Das Öl mit Zimt, Muskat und Cayennepfeffer verrühren und mit Süßkartoffeln oder Möhren vermischen. Die Zwiebeln schälen und in dünne Halbringe schneiden.

2 Den Blätterteig in acht Stücke schneiden. Die Teigstücke mit etwas Abstand zueinander auf das Backpapier legen und dünn mit kaltem Wasser bepinseln.

3 Das Mangochutney gut durchrühren und auf die Blätterteigstücke streichen, dabei rundum jeweils etwa 1 cm Rand frei lassen. Die Süßkartoffel- oder Möhrenscheiben gleichmäßig auf den Blätterteigstücken verteilen und mit den Zwiebelringen belegen. Alles mit Thymianblättchen bestreuen und mit Salz sowie Pfeffer würzen.

4 Die Tarteletts im Ofen auf der mittleren Schiene etwa 25–30 Minuten goldbraun backen. Aus dem Ofen nehmen und nach Belieben sofort heiß servieren oder auf einem Kuchengitter lauwarm oder vollständig abkühlen lassen.

AUCH LECKER!

Ein frischer Blattsalat mit einem Walnussdressing ist die perfekte Ergänzung zu den Tarteletts. Für das Dressing je 2 EL Oliven- und Walnussöl mit 2 EL Balsamico bianco, Salz, Pfeffer und 1 Prise Zucker gut verrühren.

FOCACCIA
MIT SCHWARZEN OLIVEN

Ob Pizza oder Fladenbrot: Die Italiener wissen genau, wie man aus einem einfachen Hefeteig das Beste herausholt! Die Focaccia ist pur oder mit einem Salat ein echtes Highlight der mediterranen Küche.

Für 1 große Auflaufform // Zubereitung: 20 Minuten + 1 Stunde Ruhen + 20 Minuten Backen

25 g frische Hefe
500 g Mehl (Type 1050)
1 TL Salz
Hartweizengrieß zum Bestreuen
etwa 100 ml Olivenöl
150 g schwarze Oliven (ohne Stein)
1 TL getrockneter Thymian oder einige frische Zweige
schwarzer Pfeffer aus der Mühle

1 Die Hefe in 300 ml lauwarmem Wasser auflösen. Das Mehl in eine große Schüssel sieben und eine Vertiefung in die Mitte drücken. Nach und nach etwa die Hälfte der Hefemischung unterkneten. Die restliche Hefemischung mit dem Salz verrühren und ebenfalls nach und nach unterkneten, sodass ein fester Teig entsteht. Den Teig mit einem feuchten Tuch abdecken und mindestens 30 Minuten bei Raumtemperatur ruhen lassen.

2 Etwa 100 ml Wasser unter den Teig kneten. Den Teig mit etwas Grieß bestreuen und abgedeckt nochmals etwa 30 Minuten ruhen lassen.

3 Inzwischen den Backofen auf 200 °C vorheizen. Die Hälfte des Öls in eine große ofenfeste Form gießen.

4 Den Teig nochmals kurz durchkneten und zu einem Fladen formen, der die Form völlig ausfüllt. Mit den Fingerspitzen im Abstand von etwa 1 cm Vertiefungen in den Teig drücken und die Oliven hineingeben. Das restliche Öl (50 ml) mit dem Thymian verrühren und die Teigoberfläche damit beträufeln; frische Thymianzweige (falls verwendet) auf dem Teig verteilen. Mit Pfeffer würzen.

5 Die Focaccia im Ofen auf der mittleren Schiene etwa 20 Minuten goldbraun backen. Die noch heiße Focaccia aus der Backform auf eine dicke Lage Küchenpapier schieben und abtropfen lassen. In Quadrate mit etwa 5 cm Kantenlänge schneiden und heiß oder abgekühlt servieren.

AUCH LECKER!

Dieses Grundrezept für Focaccia lässt sich vielfältig variieren, indem Sie die Vertiefungen jeweils anders füllen: Mit Olivenöl und Salz, mit Knoblauch und Tomatensauce, mit Auberginenmus, Spinat, gegarten Gemüseresten, Kapern, Zwiebeln, gekochten Kartoffeln und Kräutern.

AUCH LECKER!

Dies ist ein simples Basisrezept, das Sie beliebig variieren können – mit Körnern, Samen, Nüssen, Gewürzen oder Kräutern.

SCHNELLES VOLLKORN-BROT »BASIC«

Wer bei seiner veganen Ernährung sichergehen möchte, muss alles hinterfragen, besonders die Zutaten in Backwaren. Die sichere Alternative heißt: selbst backen! Kein Problem, auch wenn es schnell gehen muss – dann entfällt einfach mal das klassische »Gehen« des Hefeteigs. Das Brot wird trotzdem schön fluffig!

Für 1 Kastenform (26 cm Länge) // Zubereitung: 20 Minuten + 50 Minuten Backen

1 Würfel Hefe (42 g)
Zucker
neutrales Öl für die Form
500 g Dinkel- oder Vollkornmehl
1 TL Salz

1 Die Hefe mit 1 Prise Zucker in 450 ml lauwarmem Wasser auflösen, die Mischung 10 Minuten ruhen lassen. Inzwischen die Kastenform mit Öl auspinseln und den Backofen auf 200 °C vorheizen.

2 Das Mehl und das Salz in einer Schüssel beziehungsweise der Küchenmaschine gründlich vermischen. Das Hefewasser nach und nach unterarbeiten und alles mit den Knethaken der Küchenmaschine etwa 5 Minuten verkneten (der Teig ist recht feucht und klebrig, besser nicht mit den Händen arbeiten). Bei Bedarf noch etwas Wasser oder Mehl hinzufügen.

3 Den Teig in die Kastenform geben. Im Ofen auf der mittleren Schiene etwa 50 Minuten goldbraun backen. Die Form aus dem Ofen nehmen und das Brot darin abkühlen lassen. Aus der Form stürzen. In einer Brotdose aufbewahrt hält es sich bis zu 1 Woche.

PERFEKT AUFBEWAHRT

Dieses einfache Kastenbrot in Scheiben schneiden, in Gefrierbeuteln tiefkühlen und nach Belieben portionsweise für den fixen Gebrauch direkt im Toaster auftauen und rösten.

ROTE-BETE-BROT

Ein richtiges Superfood-Brot, vollgepackt mit guten Sachen. Durch die Rote Bete bleibt das Brot außerdem schön saftig.

Für 1 Kastenform (15 cm Länge) // Zubereitung: 20 Minuten + 15 Minuten Gehen + 50 Minuten Backen

350 g Rote Bete
100 ml neutrales Pflanzenöl, plus Öl für die Form
150 g Weizenvollkornmehl
150 g Dinkelmehl
1 Päckchen Trockenhefe
3 TL Backpulver
50 g Rosinen
je 1 EL Kürbiskerne, Sonnenblumenkerne und Sesamsamen
1 TL Zucker
1 TL Salz
½ TL gemahlener Zimt
½ TL gemahlener Piment

1 Die Rote Bete schälen und fein reiben (dabei am besten Einweghandschuhe tragen). Öl und Rote Bete in einer Schüssel gründlich verrühren.

2 Beide Mehlsorten, Trockenhefe, Backpulver, Rosinen, die Hälfte der Kerne und Samen, Zucker, Salz, Zimt und Piment mischen. Öl und Rote Bete unterkneten. Den Teig an einem warmen Ort 15 Minuten gehen lassen. Inzwischen den Backofen auf 200 °C vorheizen, die Kastenform einfetten und mit Backpapier auslegen.

3 Den Teig nochmals durchkneten, in die Backform geben und mit den restlichen Samen bestreuen. Im Ofen auf der mittleren Schiene etwa 50 Minuten backen. Das Brot ist fertig, wenn an einem hineingesteckten Holzstäbchen kein Teig mehr haften bleibt. Herausnehmen und 10 Minuten abkühlen lassen. Schmeckt toll mit veganer Margarine bestrichen.

GUT ZU WISSEN

Wenn Sie keine kleine Kastenform besitzen, können Sie das Brot auch in einer größeren backen. Es macht nichts, wenn die Fom dann nicht ganz voll ist. Sie können den Teig auch zu einem Laib formen und ganz ohne Form backen.

SOJAFREI

ERDNUSS-COOKIES

Für große und kleine Krümelmonster sind Cookies der Himmel auf Erden, denn die extra-großen Kekse sind die Garantie für besonders langen Knusperspaß.

Für 18–20 Cookies // Zubereitung: 20 Minuten + 15 Minuten Backen

150 g vegane Margarine, zimmerwarm
180 g Kokosblüten- oder Rohrohrzucker
180 g Vollkornweizenmehl
50 g Haferflocken
1 TL Backpulver
1 Prise Salz
100 g ungesalzene Erdnüsse
100 g vegane Schokoladentropfen (ersatzweise klein gehackte Zartbitterschokolade)

1 Den Backofen auf 160 °C Umluft vorheizen. Zwei Backbleche mit Backpapier auslegen. Margarine und Zucker in einer Schüssel mit den Quirlen des Handrührgeräts cremig rühren.

2 Mehl, Haferflocken, Backpulver und Salz vermischen. Die Mehlmischung nach und nach zur Margarine-Zucker-Masse geben und rühren, bis ein glatter Teig entstanden ist. Die Erdnüsse und Schokoladen-Chips unterrühren.

3 Den Teig in 18–20 Portionen teilen. Jede Teigportion zu einer Kugel formen und mit etwa 4 cm Abstand auf die Backbleche setzen. Die Cookies im Ofen auf der unteren und mittleren Schiene etwa 15 Minuten backen, dabei nach der Hälfte der Backzeit die Bleche tauschen.

4 Die Cookies mit einem Pfannenwender vom Blech heben und auf einem Kuchengitter abkühlen lassen – oder am besten lauwarm essen, weil dann die Schokolade noch etwas weich ist und wunderbar im Mund zergeht!

PERFEKT AUFBEWAHRT

Die Cookies halten sich luftdicht verschlossen aufbewahrt 1–2 Wochen knusprig und frisch – so haben Sie immer etwas für den süßen Hunger in der Keksdose parat.

FRÜCHTE-MUFFINS
MIT PINIENKERNEN

Hier geben rote Sommerfrüchte sowohl optisch als auch geschmacklich den Ton an – wer es gern einmal in Gelb hätte, kann jedoch auch Pfirsiche und Aprikosen verwenden. Diese handlichen Backwerke sind gut zum Mitnehmen oder für Partys geeignet.

Für 20 Muffins // Zubereitung: 20 Minuten + 30 Minuten Backen

---

250 g rote Früchte (z. B. Erdbeeren, Himbeeren, Kirschen)
100 g Pinienkerne
250 g Dinkel- oder Weizenvollkornmehl
1 Päckchen Backpulver
1 Prise gemahlene Gewürznelken
50 g Apfelmus
Mark von ½ Vanilleschote
150 g Kokosblüten- oder Rohrohrzucker
100 ml neutrales Öl
200 ml Sojadrink

Außerdem:
40 Papierbackförmchen für Muffins (à 7 cm Ø)

1 Den Backofen auf 180 °C vorheizen. Jeweils zwei Papierbackförmchen ineinandersetzen und auf ein Backblech stellen. Die Früchte waschen und trocken tupfen. Von den Erdbeeren die Stielansätze entfernen und die Erdbeeren klein schneiden. Kirschen entsteinen, Himbeeren verlesen. Die Pinienkerne grob hacken.

2 Mehl, Backpulver und Nelken in einer Schüssel vermischen. Die vorbereiteten Früchte und Pinienkerne untermengen. In einer zweiten Schüssel Apfelmus, Vanillemark und Zucker mit den Quirlen des Handrührgeräts verrühren. Öl und Sojadrink nach und nach unterrühren. Die Mehlmischung unterheben.

3 Den Teig in die vorbereiteten Papierförmchen verteilen. Die Muffins im Ofen auf der mittleren Schiene 30–35 Minuten backen. Herausnehmen und abkühlen lassen.

DEKO-TIPP

So werden aus schlichten Muffins hübsche Cupcakes: Soy Whip (aufschlagbare Sojasahne) mit Sahnefestiger steif schlagen, je 1 Klecks auf die Muffins geben, mit Pistazien bestreuen und mit Kakaopulver bestäuben.

SWITCH!

Statt frischer Him-
beeren können Sie auch
tiefgekühlte verwenden,
dann verlängert sich jedoch
die Backzeit.

MANDEL-MUFFINS
MIT HIMBEEREN

Die leckeren, handlichen Kleinigkeiten eignen sich sehr gut zum Mitnehmen. Wer damit nicht nur seinen Süßhunger stillen möchte, sondern auch Wert auf eine große Portion Vitamine und Ballaststoffe legt, backt die Muffins am besten mit Vollkornmehl.

Für 12 Muffins // Zubereitung: 20 Minuten + 30 Minuten Backen

Für den Teig:
150 g Himbeeren
100 g Kokosöl
200 g Weizenmehl (Vollkorn oder Type 405)
100 g gemahlene Mandeln
½ Päckchen Backpulver
150 g Rohrohrzucker
1 Msp. Vanillemark
200–250 ml Mandeldrink
30 g ungesüßte Cornflakes

Außerdem:
1 Muffinblech
(12 Vertiefungen à 7 cm Ø)
12 Papierbackförmchen für Muffins
(à 7 cm Ø)

1 Den Backofen auf 200 °C vorheizen. In die Vertiefungen des Muffinblechs jeweils 1 Papierbackförmchen setzen. Die Himbeeren verlesen, kurz abbrausen und auf Küchenpapier abtropfen lassen. Das Kokosöl in einem Topf bei schwacher Hitze zerlassen, jedoch nicht warm werden lassen.

2 Mehl, Mandeln und Backpulver in einer Schüssel vermischen. Zucker, Kokosöl, Vanillemark und 200 ml Mandeldrink (250 ml, falls Vollkornmehl verwendet wurde) in einer Schüssel mit den Quirlen des Handrührgeräts verrühren. Die Mehlmischung auf niedriger Stufe nur so lange unterrühren, bis sich alle Zutaten gut verbunden haben. Der Teig sollte in langen Spitzen zäh von einem Löffel reißen. Die Himbeeren vorsichtig unter den Teig heben.

3 Den Teig gleichmäßig in die Papierbackförmchen verteilen. Die Cornflakes mit den Händen zerbröseln und die Teigportionen damit bestreuen. Im Ofen auf der mittleren Schiene 25–30 Minuten backen. Die Muffins aus dem Ofen nehmen und abkühlen lassen.

GUT ZU WISSEN

Kokosöl wird erst ab 24 °C flüssig. An warmen Sommertagen kann deshalb das Zerlassen im Topf entfallen – dann reicht es, das Öl rechtzeitig aus dem Kühlschrank zu nehmen und Zimmertemperatur annehmen zu lassen.

KOKOS-BANANEN-CUPCAKES
MIT FROSTING

Die saftigen Cupcakes machen gute Laune, weil sie schnell zubereitet sind und auch nach ein paar Tagen noch wunderbar schmecken. Das Geheimnis dafür ist die Kombination aus Banane, Kokosmilch, Rosinen und Gewürzen. Wer es gern schlichter mag: Ohne das Frosting werden aus den Cupcakes einfache Muffins.

Zutaten für 12 Cupcakes // Zubereitung: 20 Minuten + 20 Minuten Backen

Für den Teig:
2 EL Rosinen
1 TL Apfeldicksaft
2 überreife Bananen (200 g Fruchtfleisch)
180 ml Kokosmilch
50 ml Weizenkeimöl (oder Rapsöl)
200 g Weizenvollkornmehl
1 TL Backpulver
100 g Kokosblüten- oder Rohrrohrzucker
1 kräftige Prise gemahlener Zimt
1 Prise frisch geriebene Muskatnuss
1 Prise Salz

Für das Frosting:
100 g vegane Margarine (zimmerwarm)
200 g Puderzucker (nach Belieben aus Rohrrohrzucker)
2 EL Kokosmilch

Außerdem:
1 Muffinblech
(12 Vertiefungen à 7 cm Ø)
12 Papierbackförmchen für Muffins
(à 7 cm Ø)

1 Für den Teig die Rosinen mit dem Apfeldicksaft vermischen. Die Bananen schälen und in einer Schüssel mit einer Gabel zerdrücken. Kokosmilch und Öl unterrühren. Den Backofen auf 180 °C vorheizen. In die Vertiefungen des Muffinblechs jeweils ein Papierbackförmchen setzen.

2 Das Mehl in einer Schüssel mit Backpulver, Zucker, Zimt, Muskat und Salz vermischen. Die Bananenmasse dazugeben und alles gründlich zu einem Teig verrühren. Die Rosinen untermischen.

3 Den Teig gleichmäßig in die Papierbackförmchen verteilen und im Ofen auf der mittleren Schiene etwa 20 Minuten backen. Das Blech aus dem Ofen nehmen und die Muffins darin 5 Minuten ruhen lassen. Dann mitsamt den Papierförmchen aus dem Blech heben und auf einem Kuchengitter vollständig abkühlen lassen.

4 Für das Frosting Margarine und Puderzucker in einer Schüssel mit den Quirlen des Handrührgeräts cremig rühren. Die Kokosmilch nach und nach unter weiterem Rühren hinzufügen. Die abgekühlten Muffins mit dem Frosting überziehen.

DEKO-TIPP

Dekorieren Sie die Cupcakes außerdem noch mit frischen oder getrockneten Bananenscheiben. Die getrockneten Scheiben finden Sie bei den Trockenfrüchten in größeren Supermärkten oder in Bioläden.

ANANAS-KUCHEN
MIT MANDELN

Mit einer frischen Ananas schmeckt dieser Kuchen natürlich am besten – achten Sie also beim Kauf der Frucht darauf, dass diese wirklich richtig vollreif ist. Denn nur dann ist sie aromatisch und hat die perfekte Süße.

Für 1 Springform (26 cm Ø) // Zubereitung: 30 Minuten + 30 Minuten Backen

1 reife Ananas
1 TL neutrales Öl für die Form
1 EL Ahornsirup
400 g Weizenmehl (Type 405)
½ Päckchen Backpulver
200 g Kokosblüten- oder Rohrohrzucker
300 ml Mandeldrink
2 EL gehackte Mandeln
5 EL Weizenkeimöl
1 EL weißer Rum

1 Die Ananas schälen und den Blattschopf abschneiden. Dann die Frucht längs halbieren und den Strunk herausschneiden. Die Ananashälften quer in etwa 0,5 cm breite Scheiben schneiden.

2 Den Backofen auf 200 °C vorheizen. Den Boden der Springform mit Backpapier auslegen. Das Backpapier und den Rand der Form mit Öl bepinseln. Die Ananasstücke auf den Boden der Form legen und mit dem Ahornsirup beträufeln.

3 Das Mehl mit dem Backpulver mischen und in eine Schüssel sieben. Zucker, Mandeldrink, gehackte Mandeln, Öl und Rum nach und nach mit den Quirlen des Handrührgeräts unterrühren. Den Teig auf den Ananasstücken in der Form verteilen und glatt streichen.

4 Den Kuchen im Ofen auf der mittleren Schiene etwa 30 Minuten backen. Die Stäbchenprobe machen. Bleibt an einem hineingesteckten Holzstäbchen kein Teig mehr haften, ist der Kuchen fertig. Andernfalls den Kuchen noch einige Minuten länger backen.

5 Den Kuchen aus dem Ofen nehmen und etwa 5 Minuten in der Form ruhen lassen. Dann die Springform mit einem Teller abdecken, mitsamt dem Teller umdrehen und den Kuchen stürzen. Das Backpapier vorsichtig ablösen und den Kuchen vollständig abkühlen lassen.

SWITCH!

Falls Sie keine vollreife Ananas bekommen, können Sie für den Kuchen Fruchtscheiben aus der Dose verwenden. Da diese schon gesüßt sind, können Sie dann auf das Beträufeln mit dem Sirup verzichten.

PROTEINREICH

SOJAFREI

DATTEL-MANDEL-DESSERT
OHNE BACKEN

Datteln werden von jeher als »das Brot der Wüste« bezeichnet, da die Früchte mit ihrem hohen Zuckergehalt den Bewohnern der trockenen und heißen Wüstenländer wertvolle Energiespender sind. Zugleich liefern sie noch wichtige Mineralstoffe wie Kalium, Kalzium und Magnesium.

Für 1 Form von 14 × 23 cm // Zubereitung: 30 Minuten + Abkühlen

250 g Datteln
100 g ganze Mandeln
100 g vegane Margarine
50 g Kokosblütenzucker
100 g Dinkelmehl (Type 630)
je 1 Msp. gemahlener Kardamom und Zimt
50 g fein gehackte Pistazien

1 Die Datteln entsteinen. Anstelle des Steins jeweils 1 Mandel in die Mitte geben und die Dattel wieder zusammendrücken. Die gefüllten Datteln in die Form legen.

2 Margarine und Zucker in einem Topf bei mittlerer Hitze schmelzen lassen. Das Mehl hinzufügen und alles rasch verrühren. Kardamom und Zimt unterrühren.

3 Die Mehlmischung gleichmäßig auf den Datteln verteilen und glatt streichen, sodass auch die Zwischenräume ausgefüllt sind. Die Pistazien gleichmäßig daraufstreuen. Gut abkühlen lassen und bis zum Verzehr im Kühlschrank aufbewahren. Zum Servieren in Stücke schneiden.

DEKO-TIPP

Falls Sie nicht alle Mandeln zum Füllen benötigen, können Sie mit den übrigen Kernen das Dessert vor dem Servieren dekorieren.

SWITCH!

Die Mandeln sind durch Walnüsse, Pekannüsse oder auch Cashewkerne austauschbar. Nach Belieben die Datteln mit etwas Marzipanrohmasse füllen, bevor die Mandeln eingesetzt werden.

BEEREN-CRUMBLE
MIT VANILLESAUCE

Lust auf etwas Süßes, auf Früchte und Kuchen? Mit diesem Rezept gelingt eine schnelle Alternative, die ofenwarm so lecker schmeckt, dass niemand lange die Finger davon lassen kann – ob nun mit oder ohne Vanillesauce!

Für 4 Personen // Zubereitung: 40 Minuten

Für den Crumble:
1 Birne (Williams Christ oder Abate)
120 g Kokosöl, zimmerwarm
150 g Rohrohrzucker
150 g gemischte Beeren
100 g Weizen- oder Dinkelvollkornmehl
100 g feine Haferflocken

Für die Vanillesauce:
250 ml Sojadrink Vanille
1 Msp. Vanillemark
1 TL Kokosblütenzucker
1 EL Speisestärke

1 Für den Crumble die Birne schälen, längs vierteln, entkernen und quer in dünne Scheiben schneiden. In einem kleinen Topf 20 g Kokosöl erhitzen und die Birnenscheiben darin 1 Minute andünsten. Mit 50 g Rohrohrzucker bestreuen und, sobald der Zucker schmilzt, 1–2 EL Wasser hinzufügen. Alles bei kleiner Hitze etwa 5 Minuten köcheln lassen.

2 Den Backofen auf 200 °C vorheizen. Die Beeren verlesen, kurz abbrausen und auf Küchenpapier abtropfen lassen. Mit den Birnen vermischen und gleichmäßig auf dem Boden der Form verteilen.

3 Mehl, Haferflocken, restliches Kokosöl (100 g) und restlichen Rohrohrzucker (100 g) in einer Schüssel vermischen und mit den Händen zu Bröseln verkneten. Die Brösel gleichmäßig auf den Früchten verteilen. Den Beeren-Crumble im Ofen auf der mittleren Schiene etwa 20 Minuten backen.

4 Inzwischen für die Sauce 2 EL Sojadrink beiseitestellen. Den restlichen Drink mit Vanillemark sowie Kokosblütenzucker in einem Topf verrühren und aufkochen lassen. Die Stärke mit dem beiseitegestellten Sojadrink glatt rühren. Die Mischung unter Rühren in den Topf geben und alles etwa 1 Minute unter Rühren köcheln lassen, bis die Sauce merklich andickt.

5 Zum Servieren die Auflaufform sowie die Vanillesauce separat auf den Tisch stellen oder den Crumble auf Teller verteilen und mit Vanillesauce überziehen.

AUCH LECKER!

Nach Belieben können Sie den Crumble vor dem Backen noch mit gehobelten Mandelblättchen bestreuen.

CRUSHED ICE COFFEE

Herrlich erfrischend: Bei sommerlichen Temperaturen kommt der gezuckerte »Espresso danach« einfach als geschabtes Eis ins Glas statt heiß in die Tasse.

Für 4 Personen // Zubereitung: 5 Minuten + 2 Stunden Gefrieren

2–3 EL Instant-Espressopulver
(je nach Geschmack)
2 EL Rohrohrzucker

1 In einem Topf 200 ml Wasser aufkochen. Espressopulver nach Geschmack und Zucker unterrühren. Den Topf vom Herd nehmen und 200 ml kaltes Wasser unter den Espresso rühren.

2 Falls ein leistungsstarker Mixer vorhanden ist, den Espresso in Eiswürfelbehälter füllen und im Tiefkühlfach etwa 2 Stunden gefrieren lassen. Falls kein Mixer vorhanden ist, den Espresso in eine flache gefrierbeständige Schale füllen und im Tiefkühlfach gefrieren lassen, währenddessen den Espresso drei- bis viermal mit einer Gabel kräftig durchrühren, damit sich keine großen Eiskristalle bilden können.

3 Zum Servieren die Espresso-Eiswürfel entweder im Mixer zerkleinern oder die Eismasse aus der Schale nehmen und sofort in kleine Gläser füllen. Den Crushed Ice Coffee sofort servieren.

DEKO-TIPP
Gut gekühlte Cocos, Rice oder Soy Whip (vegane Sahnealternativen) mit 1 Prise gemahlenem Zimt aufschlagen und als »Krönchen« auf den Crushed Ice Coffee setzen.

REGISTER

BEZUGSQUELLEN

Tofutown	www.tofutown.com
Soyatoo	www.soyatoo.de
Viana	www.vianastore.de
Morgenland	www.morgenland.bio
PURYA!	www.purya.de
Keimling Naturkost	www.keimling.de
Baola	www.baobab.org
myey.info	www.myey.info
purvegan	www.purvegan.de
alles vegetarisch	www.alles-vegetarisch.de

ÜBER DEN AUTOR

Jérôme Eckmeier arbeitete nach seiner Ausbildung zum Koch und Lebensmitteltechniker in zahlreichen renommierten Restaurants im In- und Ausland. Seit mehreren Jahren kocht und lebt er vegan. In seiner Internet-Kochshow und seinem Blog begeistert er regelmäßig mit neuen veganen Kreationen.

DANKSAGUNG

Ich möchte meiner Frau Melanie (für ihre unendliche Geduld mit mir), unseren Kids Lisa Marie, Anna Sophie, Fenja Zoe, Paula Charlotte, Lotta Fee und Greta Joe, meinen Eltern Rainer und Monika und meinen Schwiegereltern Marina und Frank Mahlke danken. Ein großes Dankeschön geht außerdem an Franz und Traute, Kerstin und Michael, Andreas und Anneke mit Mirco und Justin, Marius und Frauke, Familie Keller, Dr. meinen Sensei Hardwig Tomic, Markus von Little Harbour Tattoo, Marcel von artistic depiction Tattoo und Familie, Uwe und Manuela Schneider und Kinder, den VEBU, Bernd, Gaby, Nora und Aaron Drosihn, Kalle, Carsten, David, Joe vom Underground Köln, Erik Verde, Sara und Team, Thomas D und Tina mit Familie, Parago Seiler, Chris und Marta von MyEy, Sebastian Bete von der OZ, Ingo Jäger, Tatjana, Boris mit Liam Seifert, Brigitte »die Sonne« Kelly, meinen Manager Andreas Kessemeier und die Mitarbeiter_innen von Pool Position, Mike Beuger von der Kanzlei WBS Köln, cinemadirekt Berlin, Keimling Naturkost, Baola München, Uwe, Martin, Monika und die Jungs vom Roadhouse Herbrum und alle Menschen und Rock 'n' Roller, die mich in meiner Arbeit unterstützen – ohne euch (ich liebe Euch alle! ;-)) wäre dieses Buch wohl nie entstanden!

NOCH MEHR VEGANE INSPIRATIONEN VON JÉRÔME ECKMEIER

VEGAN
TUT GUT – SCHMECKT GUT

Der Einstieg in die vegane Küche: 90 originelle und unkomplizierte Rezepte beweisen, dass die vegane Küche unendlich viele Möglichkeiten bietet.

€ 19,95 [D] / € 20,60 [A]
ISBN 978-3-8310-2449-0

EINFACH
VEGAN BACKEN

Vegan backen leicht gemacht! So schnell und einfach gelingen vegane Köstlichkeiten für jede Gelegenheit.

€ 19,95 [D] / € 20,60 [A]
ISBN 978-3-8310-2780-4

VEGANE LUNCH BOX

Über 100 Rezepte zum Mitnehmen zeigen, wie leicht vegane Küche to go geht: schnell zubereitet sowie kalt und warm ein Genuss!

€ 19,95 [D] / € 20,60 [A]
ISBN 978-3-8310-2937-2

© Dorling Kindersley Verlag GmbH, München, 2016
Ein Unternehmen der Penguin Random House Group
Alle Rechte vorbehalten.

Fotografie Dorling Kindersley Limited,
Brigitte Sporrer (S. 31, S. 45, S. 49, S. 57, S. 71, S. 121, S. 129,
S. 133, S. 173, S. 176), Boris Seifert (S. 8, U4), VEBU (S. 19)
Foodstyling Julia Skowronek
Lektorat Sabine Durdel-Hoffmann, Karin Kerber
Koordination VEBU Bettina Paul
**Cover- und Innengestaltung, Typografie, Illustration,
Realisation** Sonja Gagel

Für den DK Verlag:
Programmleitung Monika Schlitzer
Redaktionsleitung Caren Hummel
Projektbetreuung Sarah Fischer
Herstellungsleitung Dorothee Whittaker
Herstellungskoordination Katharina Schäfer
Herstellung Sophie Schiela

ISBN 978-3-8310-3150-4

Repro Farbsatz, Neuried / München
Druck und Bindung Firmengruppe Appl, aprinta Druck GmbH,
Wemding

Besuchen Sie uns im Internet
www.dorlingkindersley.de